BREITNER/SCHROEDER

Kopf-Ball

W0349143

PAUL BREITNER
BERND SCHROEDER

Kopf-Ball

ULLSTEIN

© 1982 by Verlag Ullstein GmbH,
Berlin – Frankfurt am Main – Wien
Schobert & Black, *König Fußball wurde entthront:*
© by Ingrid Richter Musikvertrieb und
Verlag, Berlin
Michael Z. und Klaus Gutjahr, *Deutsche Männer:*
© by Rolf Budde GmbH & Co., Musikverlag KG,
Berlin
Alle Rechte vorbehalten
Satz: SVA, Ludwigsburg
Druck und Einband: Mohndruck
Graphische Betriebe GmbH, Gütersloh
Printed in Germany 1982
ISBN 3 550 07711 4

Inhalt

Heiner Schmidt	Intellektuelle	9
Michael Verhoeven	F.C. Menterschwaige	11
Paul Breitner	Ganz in Weiß	15
Jürgen Woldt	Heldenepos (subjektiv)	21
Jürgen W. Möllemann	Die Geheimnisse der Lederkugel	27
Irmgard Stoffels	Zöpfe stören nicht	35
Wolfgang D. Salewski	Gruppenspiele	45
Arnfrid Astel	Endspiel	57
Heiner Flaig	Matterhorn	59
Rainer Basedow	Niemand kann sich entziehen	65
Sepp Maier	Wider Willen ins Tor	69
Richard Stücklen	Eingespielt	73
Schobert & Black	König Fußball wurde entthront	79
Bernhard Minetti	Fußball und Theater	83
Roland Zorn	Tiefenschärfe	91
Bernd Schroeder	Die Pfarrerwiese	97
Franz Beckenbauer	Abenteuer Amerika	109
Max von der Grün	Rückgabenpaul e.V.	115
Peter Behle	Herr Eintracht und sein Hund Kickers	119
Hans-Josef Justen	Schalke 04	125

Elke Heidenreich	Mädchen im Abseits	133
Otto Jägersberg	Langsames Verschwinden des Balls aus dem Leben	137
Wilhelm Neudecker	Transfer	145
Ludwig Harig	Erstes alexandrinisches Sonett über den Fußball	151
Franz Beckenbauer	Der Hubschraubertrick	153
Dieter Pudenz	Fünfziger Jahre	155
Axel Thorer	Abseits bei Idi	157
Thomas Reimer	Roter Vogel, linker Saubär	163
Hanns Dieter Hüsch	Auf dem grünen Feld der Ehre	171
Reinhard Waldenberger	David schlägt Goliath	175
Werner Schneyder	Von Helden und Künstlern	179
Uli Hoeness	Der Elfer von Belgrad	185
Ulrich Kaiser	Michel Deutschmann und die National-Elf	189
Arnfrid Astel	Nationalismus	193
Jürgen Leinemann	Steilpaß ins Leben	195
Ulfert Schröder	Der Star: Ein Glücksfall	207
Günter Netzer	Ich hier oben, die da unten	213
Benjamin Henrichs	Hundert Jahre sollst du leben!	217
Gunther Witte	Straßenfeger	225
Dieter Thoma	Wade mecum für den Fußball	229
Michael Z. und Klaus Gutjahr	Deutsche Männer	235
	Biographische Notizen	239

Für die, bei denen die Liebe zum Fußball auch durch den Kopf geht.

HEINER SCHMIDT

Intellektuelle

Intellektuelle
wenn sie von Fußball reden
wer solche, was sie und wie sie es sind
fragt mich was Leichteres
jedenfalls nicht die beschimpften
sondern die mehreren
die also
wenn sie von Fußball reden
biedern sich an
dabeisein ist alles
denn Fußball ist Volkssport

So Volk wie anno nullneun
als mein Vater der Meister wurde
mit den Proleten vom KFV
dieserhalb vom Gymnasium flog
freilich nicht
aber Volk allemal

Auf der Tribüne
die Jeansträger unter den Freaks
gehn Stehplatz nur von der Südkurve

distanzieren sie sich
wissen sie alles
von linken und rechten
Füßen vom linken Lienen
vom rechten Franz

Der Paule hat ja auch mal studiert

Nur bei Kopfbällen
Fluggeschwindigkeit mal Aufprallgewicht
hoch zwei oder umgekehrt
denken sie schmerzlich
an ihre Dünnschaligkeit

Doch wenn dort unten
die Deutschen oder
die Grüngestreiften oder
die Jägermeister
gewinnen
schreien sie wir

Darum reden sie
wenn sie von Fußball reden
von Fußball.

MICHAEL VERHOEVEN

FC Menterschwaige

Kleinamerika wurde der großbürgerliche Vorort von München nach dem Krieg genannt.
Damals hieß es: »Wer nochmal eine Waffe berührt, dem soll die Hand abfallen.«
Die meisten Deutschen hatten schon den Persilschein, aber viele Villen waren noch von Amerikanern besetzt.
Seit die Deutschen in ihre beschlagnahmten Häuser zurückgekehrt sind, heißt der noble Vorort wieder Harlaching.
Kleinamerika – das bedeutet Buick, Chevrolet, Oldsmobile, lautlos, langsam über leere Straßen rollend, hochbestaunte karierte Herrenanzüge in allen Farben, freundliche Lockenwicklerfrauen mit meterhohen braunen Papiertüten, voll mit Campbell- und Libby's-Dosen und den süßlichen Geruch überheizter Villen.
Deutsche Kinder waren in der Minderheit.
Es reichte immer gerade für eine Straßenschlacht mit den Ami-Buben, aber elf Jungens für eine Fußballmannschaft zusammenzukriegen gelang nur, wenn Hans Wagners Vetter aus Augsburg zu Besuch da war und meine Schwester Monica sich zum Mitmachen überreden ließ.
Ich war (natürlich) der Spielführer. Ohne mich ging nichts zusammen. Als ich mich einige Wochen neben der Fußball-

wiese auf die kleine Amerikanerin Kay konzentrierte, drohte dem FC Menterschwaige der Zusammenbruch.
Edu und Adi Lemke waren unsere Verteidigung. Adi war erst fünf und hatte das Pech, noch kurz vor dem Zusammenbruch auf den Namen »Adolf« getauft zu werden.
Ich war der Torwart.
Aber wenn es brannte, mußte ich ins Feld, und Adi wurde ins Tor geschickt.
Jahre später, in der Schülermannschaft des FC Bayern hab' ich auch als Torwart begonnen, aber mein Vorbild war Jakl Streitle, so lernte ich um auf Stopper.
Mein Nachfolger beim FC Bayern war dann Erich Kosar, der's mit den Bayern bis zur Bundesliga gebracht hat. Sein Vater war unser Hilfstrainer. Er bemaß das Taschengeld seines Sohnes nach der Anzahl gehaltener und durchgelassener Bälle. Jakl Streitle – der Beckenbauer meiner Kindheit! Seine Kopfbälle! Seine Pässe! Sein Hineingrätschen! Meine Zimmerwände waren mit Zigarettenplakaten tapeziert. Streitle warb für Supra-Filter.
Wie gern hätte ich gehabt, daß meine Eltern mal ein Bayernspiel anschauen, wenn ich Stopper war, später halbrechts. »Fußball!« sagte Mutter nur und tippte sich an den Kopf.
Aber vorerst war ich ja noch nicht bei »Bayern«. Auch Edu nicht, den ich später nachholte.
Sonntags kam Onkel Carlo, um meine Eltern zu einem kleinen Spaziergang zu überreden. Vergeblich. Statt dessen warf er mir im Garten ein paar Bälle zu. So lernte ich »stoppen«.
Was ich vom Onkel Carlo gelernt hatte, gab ich noch am gleichen Tag mit unerbittlicher Strenge an meine Mannschaft weiter. Ich war auch der Trainer.

Beschwerden gab es nicht, da ich auch der Vereinspräsident war. Die Mitgliedsausweise stellte ich persönlich aus. Franzi Schäfer, der jeden fremden Hund bändigen konnte, war meist der erste, der keine Lust mehr hatte.
Er nahm seinen Hund – immer ein anderer, meist mehrere – und ging.

Bobbi Ausböck wurde sowieso meistens im unrechten Moment zum Kakaotrinken heimgerufen. Er spielte nur wegen meiner Schwester.
Der Peter war beim Fußball auch nicht voll bei der Sache. Er spielte auch nur wegen meiner Schwester.
Besser war's mit dem Hannes Köhle, der aber oft Hausarrest hatte, und dem Walter Kaseder aus dem Nachbarhaus.
Der Walter war jederzeit bereit.
Wir spielten, bis wir den Ball nicht mehr sahen. Uns genügte ein Tennisball. Mein Lederball, der einzige im ganzen Viertel, war oft als Strafmaßnahme eingezogen.
Keiner von uns hatte Fußballschuhe. Das wichtigste waren die weißen Schuhbänder. Gab es einen Dreß? Ja, die schwarze Turnhose und das weiße Unterhemd. Manchmal spielten wir ohne Hemd, um uns vom Gegner zu unterscheiden.
Mein Sohn Simon ist jetzt im gleichen Alter.
Er hat einen grünweißen Dreß, einen roten Dreß, jede Menge Bälle aus Leder, Plastik, Gummi, in allen Farben. Aber die Wiese des FC Menterschwaige ist verschwunden. Da stehen jetzt Terrassenhäuser drauf mit vielen Eigentumswohnungen mit vielen Fernsehapparaten. Vor den Fernsehapparaten sitzen die Kinder und schauen Fußball an. Sie wissen gar nicht, daß da mal eine Wiese war. Sie wissen auch nichts von Kleinamerika. Und das mit dem »Handabfallen« will heute auch keiner mehr wissen. Der das damals gesagt hat, schon gar nicht.
Ein kleiner Rest Wiese ist noch da. Da steht ein Schild: »Ballspielen verboten«.
Von allem ist nur noch ein kleiner Rest.
Franzi – wo bist du mit deinen Hunden?

PAUL BREITNER

Ganz in Weiß – oder die Erfüllung eines Jugendtraumes

Was bist du doch für ein riesengroßes Rindvieh, du bist doch bescheuert...

Ich war voll dabei, mich seit gut einer Stunde zu beschimpfen und fertigzumachen. Montag, 8. Juli 1974, vormittags. Im Schichtarbeiterprogramm des Österreichischen Fernsehens gab es die Aufzeichnung des WM-Endspiels vom Vortag; genau die richtige Therapie für meinen Weltmeisterkater, dachte ich zumindest, wobei ich natürlich nicht damit rechnete, daß das Nüchternwerden zur totalen Ernüchterung führen könnte. Sah ich doch da einen mit der Nummer 3, der sich beim Elfmeterpfiff den Ball nahm – dabei fing ich an, jetzt, einige Stunden später, zu zittern, zu schwitzen, auf der Sesselkante hin und her zu zappeln. Würde er ihn verwandeln, ja ist er denn verrückt, warum läßt er nicht einen anderen schießen, was passiert, wenn er ihn nicht reinbringt – warum nimmt ihm keiner den Ball weg? Spinnt denn der völlig? – – Tor!

Puh, ich stand auf und bin – die 2. Halbzeit lief bereits – im Wohnzimmer auf und ab marschiert, bis mich das Telefon zusammenzucken ließ und aus meiner Abwesenheit zurückholte.

– Ob ich Lust hätte, zu Real Madrid zu wechseln?

– Na ja, Lust schon, aber ich hatte noch einen Vertrag beim FC Bayern.
– Kein Problem, wenn Sie wollen, werden wir uns sicher auch mit Ihrem Verein einig. Spontan hatte auch meine Frau nichts gegen einen Wechsel, so gab ich dem Anrufer, einem Kontaktmann der Spanier in Deutschland, mein O.K. für Verhandlungen in den nächsten Tagen.
Die sollten in Sardinien sein, wo wir für nur acht Tage Urlaub gebucht hatten.
Wir waren schon wieder in München, und aus Madrid war immer noch nichts zu hören.
Ich hatte das Gefühl, von jemandem fürchterlich verarscht worden zu sein, denn ich erfuhr den Grund für diese Funkstille erst viel später. Er war denkbar einfach:
Miljan Miljanic, bei der WM noch jugoslawischer Staatstrainer, war mit dem Ausscheiden seiner Mannschaft sofort in Reals Dienste getreten und präsentierte noch am Tag des WM-Endspiels seinem neuen Arbeitgeber eine Liste mit den Spielern, die er für die neue Saison verpflichten wollte. Ganz oben der Name Breitner.
Wie – einer, von dem es hieß, er sei Maoist, Kommunist, sollte zu Real in den königlichen Club kommen? Das wäre ja ein dicker Hund! Santiago Bernabeu würde das auf keinen Fall zulassen, da war man sich in Reals Chefetage sicher. Miljanic präsentierte also seine Liste und bekam den Auftrag, über jeden Spieler, den er haben wollte, Erkundigungen einzuholen. Nicht im Hinblick auf das fußballerische Können wohlgemerkt, sondern vielmehr, was die Menschen selbst, ihren Charakter anbelangte. Nun versuchte Miljanic in den folgenden Tagen so viele Informationen wie möglich zu sammeln, vor allem in Deutschland. Sein Haupt-

informant Branko Zebec – er trainierte die Bayern bis zum Frühjahr 1970, ich kam erst ein paar Monate später nach München – meinte nur: das kann gar kein schlechter Kerl sein, wenn er mit der Führung des FC Bayern ständig Streit hat. So vergingen eineinhalb Wochen, bis Miljanic mit seinen Unterlagen wieder zu Real-Präsident Bernabeu fuhr.
Die Informationen waren positiv: ein sicher schwieriger, eigenwilliger Typ, mit dem Real aber keine Probleme haben wird. Bernabeu gab daraufhin seinem neuen Trainer den Auftrag: Kauft diesen Breitner!
Bereits nach einer Woche liefen die ersten telefonischen Verhandlungen mit dem FC Bayern. Wir befanden uns für ein Kurztrainingslager im Adidas-Hotel Herzogenaurach. Fast im Vorübergehen gab es dort den entscheidenden Dialog mit Manager Schwan.
– Du Paul, da hat gerade jemand von Real Madrid angerufen, die wollen dich haben. Würdest du hingehen?
– Ja, ich glaube, ich komme mit denen klar.
– O.K., gib mir nur Bescheid, wenn du mit Real einig bist.
Das dauerte nicht lange. Wir bestritten ein Freundschaftsspiel in Aachen. Mit Günter Netzer, der bereits ein Jahr bei Real unter Vertrag und zu diesem Zeitpunkt Kontaktperson zwischen Real und mir war, vereinbarte ich an diesem Dienstag für 22.30 Uhr ein Gespräch. Ich informierte Udo Lattek, ließ mich von ihm in der Halbzeit auswechseln und fuhr ins Hotel zurück.
Punkt halb elf meldete sich Günter aus der Real-Geschäftsstelle. Er sollte die Verhandlung mit Reals Finanzleuten dolmetschen. Doch da war nur wenig zu übersetzen. Ich sollte nur meine finanziellen Bedingungen für einen Wechsel nach Madrid nennen.

– Gut, Paul, meinte Günter, die Leute hier müssen sich jetzt mit Santiago Bernabeu in Verbindung setzen. Der sagt dann ja oder nein, aber ich weiß, es sieht sehr gut aus. Flieg bitte morgen früh mit der ersten Maschine nach München. Ich ruf dich dort um 11 Uhr an und gebe dir Bescheid.

Um 5.30 Uhr wollte ich mich wecken lassen. Es war nicht nötig. Der Versuch, mir meine Chance bei Santiago Bernabeu auszurechnen, noch einmal abzuwägen, ob mein Schritt bei einem Ja von Real auch der richtige sei, hielt mich die ganze Nacht wach. Letztendlich beendete Günters Anruf alles Grübeln:

– Paul, ich gratuliere Dir, Santiago Bernabeu hat ja gesagt. Bitte such für deine Frau und dich eine Flugverbindung nach Madrid. Aber so, daß ihr morgen, also Donnerstag, von München startet, irgendwo übernachtet, meinetwegen in Zürich, Paris oder sonstwo, und am Freitag gegen Mittag in Madrid seid. Hannelore (Günters damalige Freundin) wird euch abholen und zu uns nach Hause bringen.

Er versuchte mir dann noch zu erklären, daß meine Präsentation für Freitag abend im Bernabeustadion angekündigt sei, Real habe die Verpflichtung eines zweiten Ausländers bekannt gegeben, ohne jedoch einen Namen zu nennen.

Schließlich unterbrach ich ihn, ich brauchte seine Telefonnummer, um mit ihm noch mal alles abzusprechen. Ich wollte nicht sagen, daß ich nach seinem Glückwunsch vor lauter Freude fast nichts mehr mitbekommen hatte. Ich war berauscht. Mir, Paul Breitner, würde der Traum von hunderttausend, vielleicht Millionen Fußballspielern, egal ob Kindern, Jugendlichen oder Erwachsenen in Erfüllung gehen, einmal bei Real Madrid spielen zu dürfen. Und da war es auch vollkommen nebensächlich, daß die Real-Mann-

schaft des Jahres 1974 nicht mehr die absolut dominierende der Endfünfziger und Anfangssechziger war. Real, das war etwas Unvergleichbares – ein Traum.

Ich bin überzeugt, wie bei uns, den Schülern und Jugendlichen des ESV Freilassing, so wurde auch in anderen Vereinen viele Jahre hindurch die neue Spielkleidung genauso bestimmt: Welche Farben? Blöde Frage! Ganz in Weiß natürlich, *wie* Real Madrid!

Jetzt fiel mir dieses »natürlich, wie Real Madrid« ein, als ich nach einer Anreise über Paris und viel Geheimniskrämerei am Freitag in Reals Umkleidekabine stand und meine neue Spielgarnitur beinahe ehrfurchtsvoll betrachtete: Strümpfe, Hose, Trikot – ganz in Weiß – aber diesmal *von* Real Madrid.

JÜRGEN WOLDT

Heldenepos (subjektiv)

Wüst lag das Land, der Dämonen beraubt, in verzagter Erwartung;
müde der Führer die meisten der übrigen Männer. Wenngleich auch:
Manche der leitenden Schurken des Krieges besetzten mit Eifer
ohne Gewissen die Pfründe des währungsreformten Gebietes.

Ansporn dem Volke hingegen war (oben im Norden des Landes)
einer der seinen, der sonntäglich tapfer vor vielen Beweis bot:
Auch in der Not sind mit redlichen Taten Probleme zu meistern.
Glatzköpfig, Zwerg von Statur, war er stets der Gebieter des Strafraums,
drosch wie kein andrer die Kugel aus Leder in himmlische Höhen,
hob seinen Schädel den Flanken entgegen, verblüffte die Gegner
hungrigen Magens mit sattesten Schüssen. Aus Altona kam er,
Keil war sein Name, und keine Annalen erwähnen den Kühnen.
Ruhm war es nicht, der ihn trieb, sondern eher die Freude am Bolzen,
dabei bedenkend, daß die auf den Rängen sich trefflich ergötzten,
litt doch die Zeit an vergnüglichen Taten erheblichen Mangel.

Keil war bald einer von manchen: Landauf und landab in den Zonen
räumten die munteren Klopper den Rasen wie Frauen die Trümmer –
selbstlos und ohne Bezahlung. Barufka in Stuttgart, dann Streitle,
Münchens beständiger Recke in knielangen Hosen (war üblich);
Kupfer aus Schweinfurt mit Vorkriegserfahrung wie Dzur und auch Hempel,
beide vom todwunden Dresden zur Hoffnung St. Pauli gewandert;
Spundflasche kam aus dem Tabakgeschäft, um zu kicken, und Rohrberg –

armamputiert wie auch Schlienz – scheute Dribbling so wenig wie Einwurf.
Bremens Burdenski erzielte den Treffer mit knallhartem Elfer
gegen die Schweizer – die Jung-Republik war zum erstenmal siegreich.

Hoffnung auf größre Erfolge war allseits verbreitet im Lande,
kollektivistischer Ehrgeiz im Aufbau vereinte die Massen,
herrschend die Haie der einzelnen Branchen – und kaum von Bedeutung
Werte des Geistes, denn Böll war noch jung und Fritz Walter erstarkte.

Denket daran, daß nicht Technik noch Spielwitz den Titel bescherte,
sondern die Sehnsucht, den Siegern von neuer Gesundung zu künden!
Freundschaft der Männer im Lager von Spiez war des Trainers Methode,
homoerotischer Korpsgeist vollbrachte das niemals Erhoffte:
Deutschland, Karl-May-Land, verschaffte sich Achtung der andern Nationen,
Winnetou Walter und Shatterfuß Liebrich und Hadschi Max Morlock
knackten dank Rahns vehementem Geschoß die verzweifelten Ungarn!
Reichtümer wurden den Helden von Bern nicht zuteil, doch die meisten
nutzten das Rampenlicht, das sie von da an tagtäglich erhellte,
mehr oder weniger wendig, erprobten sich vielfach geschäftlich.
Sturmführer Walter, ein sauberer Kerl von der bravsten Gesinnung
wurde zum Waschküchen-Eigner – die Mehrheit der Menschen von damals
träumte von so was. Jupp Posipal machte erfolgreich in Möbeln,
Laband jedoch, nur Ersatzmann, verarmte vergessen im Leihhaus.

Frankreich war Gegner, Oktober war's, Spielort: Hannover. Premiere:
Klein war er, stämmig und durfte für Termath herein – welche Hoffnung!
Teenager Uwe düpierte die Alten mit neuer Dynamik,
flog wie ein Pfeil mit der Stirne voran selbst in flacheste Pässe,
zeigte den Drehschuß in seitlicher Lage, den Rückzieher gleichfalls,
hatte beim Kopfball den Vorteil des täglichen Trainings am Pendel.
Was er ererbt von dem Vater, der einst noch im Hafen geschuftet,
brachte er ein mit im Kampf auf dem grünen Geviert – unvergeßlich:
Welch proletarischer Wille ihn drängte, nur vorwärts zu kommen,
höher zu steigen, gezielt Konkurrenten den Schneid abzukaufen,

fleißig und schwitzend die Pflicht zu erfüllen, sein Bestes zu geben –
nicht nur allein auf dem Rasen. Denn auch in Belangen des Alltags
wollte »uns Uwe« den Aufstieg mit ähnlichen Mitteln erreichen.
Jahrelang (sechzehn genau) war er tätig, er bombte die Deutschen
unwiderstehlich ins halbe Finale von Schweden, wo nur das
Foulspiel Juskowiaks höhere Ziele versperrte. Und Chile,
England und Mexiko flochten ihm weitere Ruhmesgirlanden.

Zeitgeist verkörperte Uwe aus biederstem Herzen: Ein Jüngling
unirritiert von der Zeitläufte Wirren wie Wiederbewaffnung,
Hallsteins Doktrin, asiatischen Kriegen, Studentenprotesten,
musisch viel näher bei Freddy als Stones- oder Elvis-beeinflußt,
wirkte im Wunder der Wirtschaft im Sinne des Alten von Rhöndorf,
bis er den Traum von Millionen am Stadtrand dann realisierte –
eigener Bungalow, Vorgartenlampen und Hollywoods Schaukel,
sicher die Zukunft als Großraum-Vertreter für sportliche Moden,
heil die Familie, beträchtlich das Konto, grad der Charakter.
Tränenfeucht dankte das Volk, weil er trotz italienischer Lockung
Hamburg die Treue gehalten, denn Thielickes Notschrei als Pastor
hatte zusammen mit höheren Gagen der Liga des Bundes
Uwe zum Bleiben bewogen. Geschichte vergißt die Vasallen:
Kaum einer rühmt noch die Mühen der selbstlosen Helfer des Sturmtanks.
Denkt an Klaus Stürmer, gewandter Kollege im Kombinationsspiel,
früh schon verstarb er. Gedenket auch Charlys, des älteren Dörfel,
krummbeinig – Hamburgs Garrincha – ein Linksfuß und Künstler der Flanke;
Werner, Student, akademischer Primus des mittleren Feldes;
Dieter, der Bruder, der Foulspiel an Uwe gerissen bestrafte.

Wohl ging's dem Land, das Sozialprodukt stieg und das Wachstum schien ewig.
Offen die Grenzen, gesichert der Pakt mit den Nachbarn, und mächtig
drängten Produkte der Wirtschaft in andere Märkte, wiewohl auch
Käse aus Frankreich und Wein aus Italien dem schwelgenden Volke
immer mehr mundeten: kosmopolitisches Drängen erfüllte
allüberall gar der Kleinbürger Seelen. Szymaniak trat schon

Lire-belohnt in Catania das Leder, Bologna sah Haller,
Blondschopf aus Augsburg, und Schnellinger füllte die Kasse in Mailand.

Nun war das einzige Mittel, die kommenden Helden zu halten,
ihnen die Konten zu spicken. Dank weltweiter Tele-Verbreitung
wurde das Kicken zum Gladiatoren-Gewerbe; Konzerne
lockten mit Werbeverträgen und Manager, manchmal im Zwielicht,
schoben die Gelder gewinngeil wie einst bei dem Handel mit Pferden.

Fohlen aus Gladbach, ergriff Günter Netzer die Chance beim Schopfe,
trabte in wenigen Jahren zum Weltruhm. Als Champion Europas,
langmähnig-golden das Haupthaar, Idolen der Pop-Musik ähnlich,
pflegte er Startum in glitzerndem Rahmen, ergab sich mit Freuden
Tina Sinatras Avancen wie denen von anderen Sternchen,
zog im Ferrari von Disco zu Disco, entsprach somit allen
Wünschen der Kinder der mammongeprägten Nation. Demzufolge:
Andere wollten noch mehr, noch erfolgreicher sein, noch gewiefter.

Halt! Von der Generation dieser kickenden Prachtexemlare
gilt es zunächst noch den Franz zu erwähnen, der vorher in England
Grundstein gelegt für die steilste Karriere der Kurzhosen-Branche.
Sohn eines Postlers begann er als Knabe in Stiefeln für Skilauf.
Zwanzig geworden: Debut im Trikot mit dem Adler. Sein Äußres:
Locken so schwarz und gekräuselt wie weiland der Prunk-König Ludwig
(später dann sah man ihn, diesem gleich, wirklich in kostbaren Pelzen).
Niemand sonst führte den Ball so wie er mit dem Blick in die Ferne –
so, als bestünden die Gegner aus niedrigen, lästigen Chargen.
Kaiser betitelt, errang er dann sämtliche Ehren, die möglich,
bis zum dramatischen Sieg im Finale der Besten in München.
Freunde erwählte der Kaiser sich unter Ministern und Geldherrn,
Frackzwang erschien ihm als Zeichen von höchster Kultur – aber dennoch
liebte das Volk ihn wie seinen Genossen, denn scheinbar belegten
Aufstieg und feines Gehabe des ehemals Armen die These,
jeder vermöge in dieser Gesellschaft nach oben zu kommen.

Weniger Glanz als den Kaiser umgab die Gefährten der Siege,
manchen zwar wurde unsterblich wie er, jedoch niemand erreichte
ähnlichen Zugang zu führenden, höchst oligarchischen Schichten.
Müller, der Bomber, der voller Instinkt in den Waden so viele
Treffer erzielte wie keiner, beschied sich – von Ehefrau Uschi
strengstens am Zügel gehalten – mit rechtschaffnem häuslichen Dasein,
vollends vereinsamt am Ende in Floridas Rentner-Gesellschaft;
Katsche, des Kaisers ergebenster Diener, war durchaus zufrieden,
Zwerghase Schnuffi, die Frau und die Kinder als Umfeld zu haben;
Seppl, die Katze von Anzing, gefiel sich als Kauz, und der Terrier
(Berti aus Gladbach) trainierte die Jugend – doch wie sie auch lebten:
Auch die Vasallen erfreuten sich jetzt ihrer Schäfchen im Trocknen.

Skrupel ergriffen nach Jahren des Wettstreits, des Aufschwungs, der Leistung
(welche man frei von moralischen Schranken als Fetisch verehrte)
nicht nur Studenten. Gemäßigt erfaßte der Zweifel das Wahlvolk:
Neue soziale Ideen, demokratische Sehnsüchte stärkten
Mut gegen Autoritäten. Mit Willy als Kanzler erblühten
selbst im Millionen-Gewerbe der kickenden Bundes-Elite
plötzlich Rebellen. Betriebsräten ähnlich, verlangten sie Rechte,
mitzubestimmen, Gewinne zu teilen – ein neues Bewußtsein!

Paule (Berufswunsch: Sozialpädagoge!) und »neuester Heros
neudeutscher Gegenkultur« (New York Times) provozierte, ganz Zeitgeist,
staubige Alt-Funktionäre – ein Linker im »adidas«-Leibchen?
Jedenfalls galt er der Linken als Inbegriff kritischen Geistes
mitten im Hort kapitalintensivster Vereinsmeiereien.
Paul ging nach Spanien, Peseten zu sammeln statt D-Mark, enttäuschte
Hoffnungen idealistischer Kreise. Doch zeitgemäß blieb er:
War doch die Wende der linken Tendenzen den Gegnern gelungen.
Willy war weg und die Herren, die folgten, servierten dem Volke
alte Kamellen, betont in verschämter sozialer Verpackung.

Multis beherrschten das Land, und bei weltweiten Krisen der Wirtschaft

rüsteten Führer zu neuer Vernichtung. Und ganz so wie immer:
Spiegel des Zustands im Staate war wieder der Kampf um das Leder.
Glatt wie die leitenden Bonzen zu wirken war Streben der Spieler,
einige trugen ein nappaummanteltes Köfferchen bei sich,
Vorbild: die Marketing-Männer. In Stuttgart trat Hansi zum Match an,
smart wie ein Börsen-Experte. Entsprechend den Bräuchen bei Multis
sprachen die Clubchefs beim Kauf neuer Männer von »Investitionen«;
Alte, die keine Rendite mehr brachten, verkloppte man günstig
übern Atlantik. Wie sehr Existenzangst sowie der Profit nun
Kicker und Trainer zum Äußersten trieben, belegte der Blutzoll
wöchentlich zwischen den Toren. Der Rasen war Schlachtfeld geworden.

Kriegslüstern brüllte die Menge, verwünschte als »Mörder« die Gegner.
Beinbrüche, Schädelfrakturen und Tritte, die Schenkel zerschlitzten,
fällten die Helden. Geschäft produzierte als Sachzwang Gewalt –
offen die Zukunft: Ob neue Dämonen die Massen bewegten?

Keil jedoch, Altonas munterer Klopper, rotierte im Grabe.

JÜRGEN W. MÖLLEMANN

Die Geheimnisse der Lederkugel

Fallschirmspringen ist für mich der schönste Sport, den man »am Himmel« betreiben kann. Auf Erden freilich – da ist es der Fußball. Da bin ich ein ganz normaler Fußball-Verrückter, einer von Millionen.

Das war ich schon als kleiner Junge. Freizeit bedeutet Fußball. Ich gehöre ja noch zu der glücklichen Generation, die von Bordstein zu Bordstein spielen konnte – quer über die Straße. Die paar Autos, die an einem Tag vorbeikamen, waren an den Fingern einer Hand abzuzählen. Pausen kannten solche Spiele nicht: Zwar war das »Stadion« nur so lang wie die Straße breit, aber breit war es wie die Straße lang, ohne Auslinien. Und ein Dribbling konnte schon mal von einer Straßenecke bis zur nächsten – und zurück gehen. Die technischen Feinheiten (dazu gehörte mitunter auch der Einsatz des Ellbogens, ohne daß der von anderen als dem direkt Betroffenen bemerkt wurde) holte man sich im Kampf mit der Meute, die einen wie einen Hasen hetzte, erbarmungslos und nimmermüde. Oft habe ich mich gefragt, woher diese Faszination, die Männer jeden Alters (und zuweilen auch Frauen) erfaßt, kommen mag, worin sie begründet ist. Ist sie damit erklärt, daß Fußball »einfach« ist? Oder ist es das kämpferische Element, das einen so bannt? Es gibt auch

Leute, die behaupten, Fußball fessele die Menschen, weil sie sich, ohne selbst aktiv werden zu müssen, stark mit einer Gruppe identifizieren könnten (also der eigenen Mannschaft und dem dazugehörenden Lager).
Es gibt Erklärungen zuhauf, und sicher haben all diese Leute auf ihre Weise recht. Aber doch nur bedingt. Die Faszination muß tiefere Ursachen haben als die Tatsache, daß da unten auf dem Spielfeld 22 eisenharte Kerle weder sich noch andere schonen, und daß die Regeln leicht verständlich sind. Es muß mehr dahinterstecken als der Umstand, daß sich Samstag für Samstag Hunderttausende Bundesbürger die Enttäuschungen der Woche aus der Seele schreien und in der Masse eine fadenscheinige Selbstbestätigung finden, die ihnen bis zum nächsten Samstag neue Kraft für ihr »tristes Dasein« spendet.
Wer so unseren Fußball zu erklären versucht, hat vieles an ihm nicht gesehen und erst recht nicht verstanden.
Bislang habe ich noch nicht gehört, daß sich Psycho- oder Soziologen um ein ganz besonderes Phänomen im Fußball gekümmert hätten: auch der höchstbezahlte Profi vergißt alles Geld der Welt, wenn er auf den Platz läuft. Da wird er wieder, wie wir damals auf der Straße, zum kleinen Jungen, der mit glühenden Wangen und hochroten Ohren um den Ball rennt, der spielt, fightet, Listen anwendet, siegen will, der glücklich ist, wenn er den Gegner »naß« machen kann, wenn er den Ball so mit dem Innenrist »streichelt«, daß er mit Effet im äußersten Torwinkel landet...
Haben Sie einmal Klaus Fischer beobachtet, wenn er ein Tor bejubelt? Glauben Sie, daß dieser Jubel seinem Konto gilt, und er in diesem Moment fünfstellige Summen addiert? Und haben Sie nicht schon instinktiv gespürt, wie der Kalle Rum-

menigge eine tiefe, ursprüngliche Freude empfindet, wenn er auf zwei Quadratmetern vier Gegner schwindelig gedribbelt hat? Sind Tränen, wie man sie schon oft nach einem verlorenen Abstiegskampf oder einem verlorenen Endspiel hat fließen sehen, Tränen über entgangene Prämien? Und ist der Freudensalto eines Spielers, der gerade einen entscheidenden Treffer geschossen hat, »Zubehör« beim Showbusiness Fußball, kalte Berechnung, weil die Leute so etwas sehen wollen? Warum wohl ist Franz Beckenbauer nach Deutschland zurückgekehrt? In New York hätte er mehr verdient, erheblich mehr. Und er hätte auch längst aufhören können, denn Geld hat er inzwischen sicher genug. Nein, der Franz wollte »einfach wieder richtigen, guten Fußball spielen«, wie er selbst gesagt hat.

Man macht es sich zu einfach, wenn man behauptet, Fußball sei heute nur mehr ein Geschäft, ein Spektakel, Nachfahre oder Ersatz jener grausigen Shows, die im alten Rom die Massen elektrisierten.

»Panem et circenses« lautete seinerzeit die Forderung des römischen Volkes, die Juvenal für uns festgehalten hat – Brot und Spiele wollten die Menschen.

Aber wenn wir heute zum Fußball gehen, ist das dennoch etwas anderes als seinerzeit der Zug der Massen in den Circus Maximus. Die befriedigten eine blutrünstige Neugier, wenn sie den Sklaven zusahen, wie die sich gegenseitig niedermetzelten oder von wilden Tieren zerrissen wurden. Fußball erfüllt sicherlich auch Funktionen wie die »circenses« – ist mithin aber ein Beweis dafür, daß die Menschheit, trotz aller Unkenrufe, weitergekommen ist: grausames Gemetzel wird heute von den meisten Menschen verpönt, schon gar zur »Unterhaltung«; was uns fasziniert, sind spielerische Kunst, körperliche wie geistige Fähigkeiten und Fertigkeiten, Intelligenz, die Aktionen gestaltet, Kraft und Ausdauer, die Intelligenz in Aktionen umsetzen.

Das ist ein erheblicher Unterschied zu den Massenvergnügungen der Antike. Ein weiterer: Mit dem Fußball identifizieren wir uns, er ist ein Teil unseres Lebens. Nahezu jeder Mann, der heute in ein Bundesligastadion geht, hat selbst einmal gekickt, weiß um die Geheimnisse der Lederkugel, um die sich alles dreht. Er hat selbst erfahren, wie schön es sein kann, auf dem Rasen alles zu vergessen und sich nur dem Spiel zu widmen, das von ihm Einsatz, Instinkt, Kampfbereitschaft verlangt, das ihm andererseits auch das schöne Gefühl verleiht, ein nicht unwichtiger Bestandteil einer Mannschaft zu sein, in der er so etwas wie Solidarität und Geborgenheit erfährt. Um das zu verdeutlichen: Wer selbst Fußball gespielt hat, weiß, wie groß das Zusammengehörigkeitsgefühl ist, wenn eine Mannschaft beispielsweise unter Druck gerät und sich brandender Angriffe zu erwehren hat. Da bügelt ein Kamerad die Fehler des anderen aus, und er weiß genau, daß der andere ihm ebenso helfen wird. Besonders in solchen Situationen gilt das angestaubte Wort von den »elf Freunden« nach wie vor. Auch wenn diese alte Fußballerweisheit heute oft angezweifelt wird, muß man feststellen, daß nur Teams auf die Dauer Erfolg haben, in denen es menschlich stimmt.

Ich finde nicht, daß unsere Profis zuviel verdienen, wie es oft heißt. Sicher verdienen sie nicht wenig, aber so ist nun mal die Marktwirtschaft: Den Job, den sie machen, vermögen nur ganz wenige auszuüben. Es besteht aber Bedarf. Und das macht die Sache teurer – nach den Gesetzen des Marktes.

Betrachten wir einen Durchschnittsprofi, einen mittelmäßi-

gen Bundesliga-Verdiener. Der hat im Jahr 250 000 Mark brutto. Ein Haufen Geld, für einen Arbeitnehmer, zugegeben. Aber ein Profi, der etwas tut, was nur wenige tun können wie er, der weder freie Wochenenden noch größere Pausen kennt – es sei denn durch Verletzung, der nicht nur in Deutschland, sondern in der ganzen Welt herumreisen muß (ohne etwas außer den Stadien von ihr zu sehen), dessen Familienleben auf ein Minimum reduziert ist –, dieser Profi macht diesen Job im Durchschnitt zehn Jahre. Dann hat er 2,5 Millionen Mark verdient. Bei solchen Summen geht etwa die Hälfte an das Finanzamt, von dem Rest hat er in dieser Zeit (sicher nicht schlecht) gelebt und muß sich noch eine Existenz gründen.
Ich will hier keineswegs ein Klagelied auf den »armen« Bundesligaprofi anstimmen, aber in der Unterhaltungsindustrie – und den Vergleich sollte man hier heranziehen – gibt es ungleich üppigere Gagen für Leute, die in den Augen vieler weitaus weniger leisten als ein professioneller Fußballspieler.
Etwas halte ich im Fußballgeschäft allerdings in der Tat für äußerst bedenklich. Ich habe immer ein ungutes Gefühl, wenn ich beispielsweise in der Zeitung lese: »Der FC Sowieso verkauft seinen Spieler Meier für drei Millionen nach Spanien«. Oder: »Manager XY: Wenn wir einen finanzstarken Club finden, veräußern wir eine Sturmspitze und kaufen uns dafür zwei Mittelfeldspieler«.
Wo ist da die freie Wahl des Arbeitsplatzes, die unser Grundgesetz vorsieht? Ist das nicht etwa Sklavenhandel, wie ihn Paul Breitner schon vor Jahren an den Pranger stellte? Ich gebe zu, daß Ablösesummen zum Beispiel im Profigeschäft auch Schutzfunktionen haben – finanzschwache

Clubs werden so vor dem Ausbluten bewahrt, denn jeder reichere Verein würde vielversprechende Spieler einfach mit der Brieftasche weglocken. Andererseits stellen diese Praktiken eine moderne Form der Sklavenhalterei dar.

Und die hat schon Blüten getrieben. Da ist der Verein, der durch Miß-Management in die roten Zahlen geraten ist, der aber, um zu überleben, Verstärkungen braucht. Man findet Sponsoren, die drei, vier Spieler aus eigener Tasche »kaufen«, dann an den Verein »ausleihen« und so einen Einfluß von außen gewinnen, der keinem Vereinspräsidenten, der sein Amt verstanden hat und ernst nimmt, recht sein kann. Gab es bislang die Sklaverei, die von Vereinen betrieben wurde, so gibt es jetzt eine neue Form durch Geschäftsleute, die in Spieler investieren, als seien sie Wertpapiere. Hohe Gehälter sind noch lange kein Freibrief dafür, daß man einen Spieler wie eine Ware hin und her schieben, verschachern oder mit ihm spekulieren darf. Wie ist das eigentlich mit dem Grundgesetz zu vereinbaren?

Doch die Spieler denken gottlob immer mehr an ihre eigenen Rechte; es hat sich ein Bewußtsein breitgemacht, das einen hoffen lassen kann.

Und dann hoffe ich noch eines, zusammen mit vielen Fußball-Fans: Obwohl ich verteidigungspolitischer Sprecher meiner Fraktion im Bundestag bin und mich als solcher für die Stärkung der Defensive einsetze, bin ich in puncto Fußball da ganz anderer Ansicht. Es sollte wieder mehr angegriffen, mehr geschossen, mehr nach vorn gespielt werden. Mit Geplänkel und Gemauschel kommt man nicht nur in der Politik und in der Wirtschaft, sondern auch und gerade im Fußball schnell ins Hintertreffen. Wie sagte doch Sepp Herberger? »Flach spiele, hoch gewinne ...«

Was wir Politiker vom Fußball lernen können, will ich angesichts der Diskussionen über den Nachrüstungsbeschluß mit einem ›Gleichnis‹ sagen: Wenn zwei Teams sich gegenüberstehen, wird das ohnehin schwächere nicht von sich aus vielleicht barfuß und ohne Schienbeinschoner antreten und möglicherweise auch noch freiwillig auf einige Leute verzichten, nur um den übermächtigen Gegner mild zu stimmen. Der hat dann doch noch leichteres Spiel.
Aber im Fußball ist so etwas nicht möglich. Dazu gibt es hier zu viele Leute mit Sinn für Realitäten...

IRMGARD STOFFELS

Zöpfe stören nicht

Das Telefon klingelt. Zum zehnten Mal an diesem Abend. Und wieder dieselben Sprüche: »Toi, toi, toi für morgen, mach mir keine Schande, ich habe auf Deinen Sieg gewettet.«

Diesmal war es Eberhard. Mein alter Freund Eberhard, der mir an einem lauschigen Abend vor jetzt fast sechs Jahren lapidar erklärte: »Du hast ja nicht alle Tassen im Schrank.« Das war an jenem Abend, als ich ihm eröffnete, daß ich einmal in meinem Leben Deutsche Meisterin werden wollte. Seitdem hat er tausendmal mit mir geschimpft, wenn ich lieber zum Training fuhr, als mit ihm auf eine Party zu gehen, hat mich tausendmal ausgelacht, wenn ich am Sonntagabend humpelnd nach Hause kam, hat angewidert meine zerschundenen Knie betrachtet, hat mir kalte Umschläge um dicke Knöchel gewickelt. Aber begriffen hat er es nie – warum es ausgerechnet Fußball sein mußte, mit dem ich mir den größten Teil meiner Freizeit vertrieb.

Dabei war es doch so unlogisch gar nicht, immerhin wurde mein »Talent« im Kindergarten bereits entdeckt. Zwar wurde ich als kleines Mädchen – wie es sich nun mal gehört – von Omas und Tanten mit Puppen und Strickliesln eingedeckt, doch die landeten meist am Geburtstagsabend schon

in einer Ecke. Bestimmt nicht deshalb, weil ich von Natur aus ein Rabauke war – eher, weil zwei Brüder sehr dominierend sein können: Bei Regen mußte ich als »Dritter Mann« mit ihnen Skat, bei Sonne eben Fußball spielen.
»Nicht an Fußball denken«, hat uns Trainerin Anne gestern nach dem letzten Training mit auf den Weg gegeben. Wir sollen uns vor dem großen Spiel nicht verrückt machen. Leicht gesagt. Morgen kann ein Traum wahr werden – der einzige, um den ich je wirklich gekämpft habe.
Warum eigentlich? Schade, daß ich nicht Psychologie studiert habe. Aber auch als Laie kann ich mir einiges zusammenreimen. Schon in der Schule brauchte ich den Sport – damals war es die Leichtathletik – um zwei gravierende Mängel zu kompensieren: Ich war eine Brillenschlange und hatte in Latein eine Zwei! Grund genug, äußerst unbeliebt zu sein. Nur Erfolge im Sport konnten das wieder geradebiegen.
Pech, daß ich mich beim Hochsprung dumm anstellte und mir per Flop das Rückgrat anknackste. Folge: Leichtathletik-Verbot, statt dessen die ärztliche Empfehlung, Gymnastik zu treiben und viel zu schwimmen – zwei Sportarten, denen ich nun überhaupt nichts abgewinnen konnte.
Beim Schwimmen kam ich mir vor wie ein Maulwurf. Die Brille war entweder beschlagen oder mit Wassertropfen verhängt, für Kontaktlinsen fehlte mir, auch als Studentin noch, das Geld. Und Gymnastik? Unter den grazilen Gestalten mit schlanker Taille und anmutigen Bewegungen wirkte ich wie ein Trampel. Doch was kann man schon für sein breites Kreuz und die kräftigen Waden?!
Also tat ich gar nichts – bis ich zehn Pfund zuviel mit mir herumschleppte. Der Rücken dankte mir meine sportliche

Enthaltsamkeit auch nicht, eine Radikalkur war angebracht. Zurück zur Leichtathletik? Aber Heide Rosendahl war zu gut und – wie gesagt – ich träumte von einer Meisterschaft. Ich versuchte es mit Handball. Nach dem dritten Spiel lag ich mit einer Gehirnerschütterung im Krankenhaus. Seitdem fehlt mir das Verständnis für Leute, die Handball als Frauensport akzeptieren, vom Fußball aber behaupten, er sei zu hart!

Das Einschlafen fällt schwer. Nicht an Fußball denken? Wie denn? Ob meine Leute zu Hause genauso aufgeregt sind wie ich? Werner, der »kleine« Bruder, bestimmt. Wenn ich auf Urlaub zu Hause bin, höre ich ihn nachts von seinen Toren träumen. Ob er weiß, daß er maßgeblich an meiner Fußball-»Karriere« beteiligt ist? Als er acht war, hat er mich immer zum Training der D-Jugend mitgeschleppt. Meine Zöpfe störten nicht – erst als die Oberweite das Fassungsvermögen der kleinen Jungs überstieg, zog ich mich – verlegen – zurück.

Der Kleine ist heute der Größte – in einer Kreisklassenmannschaft zwar, aber immerhin. Jeden Sonntag wird er im Dorf wie ein König gefeiert. Was werden die im Dorf erst sagen, wenn ich als Meisterin nach Hause komme?

Und meine Eltern? Meine Mutter hat es nie gestört, daß ich Fußball spiele. Sie wusch meine Trainingsklamotten genauso selbstverständlich wie die meines Bruders. Nur mein Vater sagte: »Man kann nicht alles haben im Leben, du mußt dich entscheiden – entweder Fußball spielen oder rauchen!« Ich zünde mir im Bett noch eine Zigarette an: Ich hab mich nicht entscheiden können.

Samstagmorgen, Aufbruch nach Frankfurt. Eine Handvoll Fans – Brüder, Schwestern, Schulfreunde, Spielerinnen –

5
13

verabschieden uns mit Transparenten wie bei den Großen: »Wir grüßen den kommenden Deutschen Meister Bergisch Gladbach.« Schon sitzt mir ein Kloß im Hals: Selten wird uns solch unbefangene, ungeteilte Sympathie entgegengebracht. Zum Teufel, warum eigentlich? Weil wir »Mannweiber« sind, wie immer behauptet wird? Ich sehe mich im Bus um. Okay, Loni ist nicht gerade ein Filigran-Püppchen. Aber sie ist eine Frau mit zwei »typisch« weiblichen Talenten: Dem Talent, einem die Sorgen wegzureden, und dem Talent, gegen alle Widerstände Mut zu beweisen – den Mut, einen erstklassigen Libero zu spielen.

Da ist Gaby, sie hat zwei Töchter. Ehemann Horst wird jeden auslachen, der seine Frau als Mannweib bezeichnet.

Da ist Brigitte, genannt »Flocke«, die Jüngste. Sie lebt mit Mutter und Schwester allein. Unser Verein ist für sie das Zuhause. Wer will ihr deshalb Vorwürfe machen? Hinter vorgehaltener Hand wird uns hämisch vorgehalten, wer Fußball spielt, kann nur lesbisch sein. Na und? Einige von uns sind es. Wahrscheinlich nicht mehr als bei Handball- oder Tennisspielerinnen. Nur – bei uns wird offen darüber geredet. Jeder weiß, daß es in Männermannschaften auch Homosexuelle gibt. Warum auch nicht? Nur trauen sich die Jungs nicht, das zuzugeben.

Den Mädchen kann man nicht einmal vorwerfen, daß sie ihr »Emanzipations-Gehabe« auf die Spitze treiben. Die meisten kennen Emanzipation nur vom Hörensagen. Sie spielen Fußball, weil sie's können und weil es ihnen Spaß macht. Daß einige Männer sich berufen fühlen, Frauen-Fußball als »unästhetisch« einzustufen, stört sie nicht, und das muß es wohl auch nicht. Das werden die gleichen Männer sein, die einer Frau Komplimente wegen ihrer blauen (grünen, braunen) Augen oder ihrer zierlichen Nase machen. Das sind Männer, die von einer Frau nicht mehr als ein gekonntes Make-up oder einen gut einstudierten Party-Small-Talk verlangen. Erstrebenswert? Für uns bestimmt nicht.

Schluß mit den tiefsinnigen Gedanken. Gleich sind wir in Frankfurt. Die ersten Staus. Ob die alle zu uns wollen? Da, endlich der Parkplatz. Wir sind spät dran, schnell umziehen. Es regnet in Strömen. Die Umkleidekabine, in der wir uns die glückverheißende weiße Kluft überstreifen, ist zu klein, zu kalt, ungemütlich, die Stimmung gereizt. Trainerin Anne Trabant versucht, die aufkommenden Aggressionen zu kanalisieren: »Zankt euch nicht um die kleinsten Trikots. Denkt lieber dran, daß wir den Frankfurtern diesen Empfang auf dem Spielfeld heimzahlen wollen.« Das wirkt: Wir konzentrieren uns darauf, daß wir hierher gekommen sind, um zum ersten Mal in unserer siebenjährigen Vereinsgeschichte die Deutsche Meisterschaft im Damen-Fußball zu gewinnen. Geschlossen traben wir zum 200 Meter entfernten Sportplatz mit hängenden Köpfen. Wir sind enttäuscht, denn wir hatten etwas anderes erwartet – ein richtiges Stadion, Musik, Stimmung, Atmosphäre. Statt dessen ein mit Gänseblümchen übersäter Acker, Bier und Würstchenbuden fast am Spielfeldrand, knapp 1000 Zuschauer – das ganze erinnert mich sehr an eine Dorf-Kirmes. Wir fühlen uns unter Wert verkauft. Und dann dieser Regen!

Ein paar Fans, die uns aus Bergisch Gladbach herbegleitet haben, muntern uns auf: »Ihr packt's schon!« Ein alter Mann, den keiner von uns kennt, ruft immer wieder: »Wenn ihr gewinnt, schenke ich euch ein Schwein.« Wir sind Amateure – echte – über ein Schwein würden wir uns freuen.

Endlich der Anpfiff. Wir haben Mühe, mit dem glatten

Boden und dem schweren Ball zurechtzukommen. Es ist kein gutes Spiel. Und dabei hatten wir uns vorgenommen, selbst wenn wir nicht gewinnen würden, wenigstens Werbung für unseren Sport zu betreiben – zumal das Fernsehen dabei ist. Doch heute bleibt die Technik auf der Strecke, Kunststückchen sind nicht drin, Kampf ist Trumpf, schade! Halbzeit, immer noch 0:0. Es gibt Tee mit Rum, die Trikots kleben uns am Leib, wir sehen alle aus wie nasse Katzen. Wasser auf die Mühlen der »Ästheten«. Keine Zeit für Eitelkeit, es geht weiter.

Ach, du liebe Zeit – Loni holt mit dem Kopf einen Ball von der Torlinie. Er fällt mir direkt vor die Füße. Bloß weg damit. Oha, dieser Paß wird lang und länger. Die kleine Ingrid schnappt sich den Ball dreißig Meter vor dem Frankfurter Tor, rennt, schießt eine Abwehrspielerin an, hat den Ball wieder, und jetzt – Tor, Tor, Tor!

Die nächsten 25 Minuten werden die längsten meines Lebens – das Staatsexamen war ein Kurzfilm dagegen. Die Beine wollen nicht mehr, alle paar Minuten ein fragender Blick zur Bank, wie lange noch? Die Frankfurterinnen scheinen immer stärker zu werden. Also laufen, kämpfen, nur nicht aufgeben, so kurz vor dem heißersehnten Ziel. Endlich der Schlußpfiff, alle liegen sich in den Armen – endlich Meister!

Und dann? Freude, Stolz, Triumph? Nein, nichts von alledem, nur das Gefühl: »Gott sei Dank, es ist vorbei!« In der Kabine gibt es schalen Sekt. Das Gefühl: »Ist das alles? Dafür hast du Zeit, Geld und Nerven geopfert? Sechs Jahre lang?« Die Enttäuschung war groß. Trotz der Ehrungen, die folgten. Zum Beispiel im Verein der Präsident: »Der Name des Vereins hat neuen Glanz erhalten«, im Rathaus (der

Bürgermeister): »Der Name der Stadt hat neuen Glanz erhalten«, vom Deutschen Fußballbund (der Präsident): »Wir haben die Möglichkeit geschaffen, daß ihr diesen Tag erleben dürft.«

Der Traum von der Deutschen Meisterschaft, er war für mich identisch mit dem Traum von einem überschäumenden Glücksgefühl. In Zusammenhang mit dem Titelgewinn konnte von Glücksgefühl allerdings zu keinem Zeitpunkt die Rede sein.

Am nächsten Tag erklärte ich meinen »Rücktritt« aus der Meistermannschaft. Seitdem spiele ich Fußball um des Spielens willen, ohne Ambitionen auf irgendwelche Titel. Warum? Weil ich's kann, weil es mir Spaß macht und weil sich das heißersehnte Glücksgefühl jetzt bei jedem Spiel ganz von selbst einstellt.

Und außerdem: Weil ich eine Frau bin, die sich ihre Art von Weiblichkeit weder von der »Brigitte« noch vom »Playboy« vorschreiben läßt...

WOLFGANG D. SALEWSKI

Gruppenspiele

Was hat eigentlich Psychologie mit Fußball zu tun. Eine dumme Frage?
Psychologie befaßt sich mit menschlichem Verhalten. Sie versucht zu sehen, wie Menschen sich verhalten und zu verstehen, warum sie es so tun, und schließlich kann sie jedem helfen, sich der Konsequenzen seines eigenen Verhaltens bewußt zu werden und sich so möglicherweise zu verändern. Auch Fußballspieler sind Menschen – eine Tatsache, die so manchem Zeitgenossen gar nicht mehr bewußt zu sein scheint – und unterliegen damit auch allgemeinen Erkenntnissen über menschliches Verhalten. Im Spiel und im Training sind dies vor allem die Ergebnisse sozialpsychologischer Forschung, die sich mit dem Verhalten von Menschen in Gruppen befaßt.
Und wozu bedarf es nun der Psychologie im Fußball? Ein guter Trainer kann sich das ja auch anlesen und entsprechend anwenden. Das ist richtig. Ein wirklich guter Trainer ist auch Psychologe. Ihm gelingt es, den Spielern bewußt zu machen, wo ihre Stärken und Schwächen liegen und sie in ein Team zu integrieren. Er tut dies in der Regel intuitiv, ohne sich über den wissenschaftlichen Hintergrund seines Handelns bewußt zu werden. Nur eines weiß der gute Trai-

ner auch nicht: Wie nämlich er selbst von den anderen gesehen wird. Das erfährt er nur in extremen Situationen – in positiven durch Erfolg und Anerkennung, in negativen durch Rauswurf. Neben dem Trainer gehört zum Fußball noch viel mehr: Verein mit Satzung und Vorstand, Zuschauer und Fans mit ihren Wünschen und Enttäuschungen, die veröffentlichte Meinung: viele Gruppen, die mit- und gegeneinander spielen, nach innen und nach außen.

Um dies alles regeln zu können, bedarf es eines Vereinsvorstandes mit psychologischem Einfühlungsvermögen und/oder eines psychologisch geschickten Managers, eines psychologisch erfahrenen Trainers, einer psychologisch fundierten Öffentlichkeitsarbeit – kurz, einer ganzen Menge Psychologie, wissenschaftlich oder vorwissenschaftlich, das spielt in der Praxis eine untergeordnete Rolle.

Aber welche grundlegenden wissenschaftlichen Erkenntnisse sind aus der Sicht des Psychologen auf einen Fußballverein und auf Fußballmannschaften übertragbar?

Ein Fußballverein besteht aus einer Vielzahl von Gruppen, die, nur wenn man es sehr oberflächlich betrachtet, ein gemeinsames Ziel haben. Schaut man ein wenig hinter die Kulissen, so werden vier verschiedene Interessengrupppen mit sehr unterschiedlichen Motiven sichtbar: Vereinsführung, Betreuer, Management und Spieler.

Nur wenn diese Gruppen in sich und untereinander gut harmonieren, ist der Verein erfolgreich.

Nun gibt es einige Kriterien in der Gruppenforschung, die Auskunft darüber geben, wie gut Menschen in Gruppen zusammenarbeiten oder nicht.

Sie tun es,

– wenn sie nicht größer oder kleiner als 5–6 Personen sind.

Größere Gruppen zerfallen in Untergruppen, kleinere haben Probleme, auftretende Konflikte autonom zu regeln;
- wenn sich alle Gruppenmitglieder ihrer Rolle bewußt sind, die sie in der Gruppe spielen dürfen. Die Gruppe entscheidet zumeist unbewußt, wer welche Rolle spielt; typische Rollen sind der funktionale Führer, von dem die Gruppe Initiative erwartet und der emotionale Führer, der für den Zusammenhalt der Gruppe sorgt; im Idealfall spielt ein und dieselbe Person beide Rollen;
- wenn alle Gruppenmitglieder ein gemeinsames Ziel haben, über das sie sich wirklich einig sind, so daß sich in der Gruppe ein »Wir-Gefühl« entwickeln kann.

Darüber hinaus ist natürlich auch die Situation bedeutend, in der sich eine Gruppe gerade befindet. So kann zum Beispiel starker Druck von außen eine Gruppe zusammenschweißen, wenn die Beziehungen in der Gruppe geklärt sind oder auch spalten, wenn es innerhalb der Gruppe nicht stimmt.

Zurück zum Verein. Die Struktur eines Vereins ist dann optimal, wenn der Präsident als funktionaler Führer des Vereinsvorstandes, der Manager als funktionaler Führer der Geschäftsführung, der Trainer als funktionaler Führer der Betreuergruppe und mindestens zwei vorbildliche Spieler als funktionale Führer der Mannschaft von ihren jeweiligen Gruppen voll akzeptiert werden. Darüber hinaus ist es natürlich wichtig, daß diese fünf Personen auch untereinander eine funktionsfähige Gruppe bilden, wobei im Idealfall ein starker Vereinspräsident für einen guten Zusammenhalt in dieser Gruppe sorgt.

In der Praxis ist es jedoch häufig ganz anders. Da ist zumeist der Vereinsvorstand eine heterogene Gruppe mit einer Vielfalt sich widersprechender Interessen und nicht selten einem ausgesprochenen Mangel an fachlicher Kompetenz. Ein gutes Management ist in vielen Vereinen überhaupt nicht vorhanden, der Trainer ist der Watschenmann oder der Held vom Dienst und die Mannschaft eine unter Konkurrenz- und Leistungsdruck stehende Vielzahl von Interessengrüppchen.

Und da es in den Gruppenbeziehungen nicht funktioniert, versucht beinahe jeder, sich unter dem Druck der veröffentlichten Meinung ganz persönlich zu profilieren.

Es kann als gesicherte Erkenntnis gelten, daß Fußballspieler mehr als die Hälfte ihrer Energie in Konkurrenz- und Profilierungskämpfe investieren. Ähnliches dürfte für den gewählten Vorstand, den angestellten Manager und den befristet verpflichteten Trainer gelten.

Mir scheint die wichtigste unserer Erkenntnisse zu sein, daß Fußball nicht mehr ein Mannschaftsspiel auf dem Rasen ist. Was wir allsamstäglich neunzig Minuten lang beobachten können, ist das Ergebnis einer Vielzahl von mehr oder weniger geglückten Gruppenspielen während der Woche. Und wenn eine Fußballmannschaft in Schwierigkeiten gerät, so müssen wir uns fragen, wie wird der Verein geführt, wie wird die Mannschaft gemanagt, wie stark wird der Trainer akzeptiert, wie teamfähig ist die Mannschaft und wie gut arbeiten diese vier Bereiche zusammen?

Wir setzen dabei allerdings voraus, daß der Verein über qualitativ gute Spieler verfügt – denn Fußballspielen müssen sie natürlich können.

Nur eine Analyse der Gesamtsituation läßt letztlich die Ursachen für eine Krise erkennen und gibt damit die Möglichkeit, alle Schwachstellen zu beseitigen.

Die bisherige Praxis geht einen anderen Weg: Der Trainer wird entlassen, ein neuer Mann bringt neuen Wind, und das reicht häufig schon, um das Schlimmste abzuwenden. Geändert hat sich im Grunde genommen nicht viel. Der neue Trainer muß mit dem alten Vorstand, dem alten Management und mit denselben Spielern zurechtkommen. Die Krise wird nur für eine gewisse Zeit verschoben – das ist alles, was ein Trainerwechsel mit sich bringt, es sei denn, der Trainer selbst war die Ursache für die Krise. Nach unserer Erfahrung war dies jedoch in den seltensten Fällen so.

Wir versuchen, nach unseren Erkenntnissen einmal einen Verein theoretisch darzustellen.

Die Führung des Vereins wird nicht mehr von Einzelpersonen ausgeübt, sondern durch ein Team fachkompetenter Repräsentanten. Dabei ist der Präsident der dem Verein verantwortliche und gleichzeitig der funktionale Führer; dies setzt unter anderem voraus, daß er auch etwas vom Fußball versteht. Der Manager ist zuständig für den Spielbetrieb, Verhandlungen, Spielerkäufe und Verkäufe, alle organisatorischen Belange und die Bezahlung der Spieler. Der Trainer stellt die Mannschaft konditionell und taktisch optimal ein. Er bestimmt die Mannschaftsaufstellung. Die beiden Spieler sind die Vertrauensleute der Mannschaft und der verlängerte Arm der Vereinsführung zu den übrigen Spielern. Damit das Modell auch in der Praxis funktioniert, muß eine optimale Wertschätzung und Akzeptanz bei allen Mitgliedern dieses Gremiums vorhanden sein.

Wie sieht nun die Kommunikation auf dem Rasen aus?

Es gibt eine sehr simple Methode, zu erfassen, wie eine Gruppe kommuniziert. Man zählt ganz einfach, wer mit wem wie oft und wie lange Kontakt aufnimmt. Das Ergebnis

dieser Auszählung sagt zunächst nicht viel. Es sind nüchterne Zahlen, die interpretiert werden müssen. Ebenso verhält es sich mit den Ballkontakten. Wir möchten das an zwei Beispielen verdeutlichen:
Wenn der linke Verteidiger wenig Ballkontakt mit seinem Rechtsaußen hat, so ist dies ganz natürlich; hat jedoch ein eher auf der rechten Seite operierender Mittelfeldspieler ebenfalls wenig Kontakte zum Rechtsaußen, so sollte man fragen, warum dies so ist. Es kann sein, daß das taktische Konzept dies so vorsieht, dann bedarf es keiner weiteren Interpretation mehr. Es kann aber auch andere Gründe haben. Und die sind in der Regel keinem der Beteiligten bewußt.
Wir können nahezu ausschließen, daß ein Fußballspieler mit bestimmten Mannschaftskameraden bewußt und absichtlich nicht zusammenspielen will, denn dann wäre die Mannschaft bereits zerfallen. Unbewußt hat allerdings jeder Spieler seine Favoriten – das sind Mannschaftskameraden, von denen er besonders viel hält – und seine Problempartner, das sind diejenigen, denen er nicht soviel zutraut. Einem solchen Spieler wird er den Ball nur dann geben, wenn es gar nicht anders geht. Seinen Favoriten wird er suchen.
Allerdings, und dies sei nochmals betont, tut er dies weitestgehend unbewußt. Wenn jetzt viele Spieler einer Mannschaft einen gemeinsamen Favoriten haben, so ist die Wahrscheinlichkeit relativ groß, daß dieser im Durchschnitt häufiger den Ball bekommt als alle anderen. Wir können auch mit ziemlicher Sicherheit behaupten, daß dies dann der beste Fußballspieler seiner Mannschaft ist, und zwar deshalb, weil die anderen ihm am meisten zutrauen. (Ich habe Uli Hoeness 1975 einmal gefragt, was er denn glaube, wie oft er pro Spiel

Ei - nig - keit und Recht und Frei-heit für das deut-sche
Da - nach laßt uns al - le stre-ben brü-der - lich mit
(Haydns Originalsatz, urspr. Tonart G-Dur)
Ei - nig - keit und Recht und Frei-heit sind des Glük - kes Un - ter - pfand.
Blüh im Glan-ze die - ses Glük-kes, blü - he deut-sches Va - ter - land
Pepsch

im Ballbesitz sei. Seine Antwort: »So zirka 30 Mal.« In Wahrheit hatte ich 67 gezählt.)

Tatsache ist, daß einige Spieler besonders viele, andere dagegen besonders wenige Ballkontakte haben. Die Gründe hierfür können vielfältig sein. Es kann am Spielsystem und an der Taktik, es kann aber auch an der Wertschätzung der Spieler untereinander liegen, und es kann die Furcht vor Konkurrenz sein, die Spieler zögern läßt, dem Mitspieler einen Paß zukommen zu lassen.

Unabhängig von Spielsystem und Taktik unterliegt jedoch eine Fußballmannschaft den Gesetzen der Gruppendynamik, woraus sich eine Fülle von Überlegungen ableiten lassen.

Auch hier wollen wir zunächst ein eher theoretisches Modell entwickeln. Elf Personen sind zuviel für eine funktionsfähige Gruppe. Also wird es einer Unterteilung in Kleingruppen bedürfen, damit die Mannschaft nach gruppenpsychologischen Gesetzen funktionieren kann. Ideal von der Größe her betrachtet wäre eine Unterteilung in zwei Gruppen mit 5–6 Personen, wobei diese beiden Gruppen gut harmonisieren müssen.

Jede der Gruppen hätte dann einen funktionalen Führer, der die einzelnen Spieler koordiniert. Beide funktionalen Führer spielen gut zusammen. Diese theoretische Einteilung in zwei Gruppen macht Sinn, weil eine Fußballmannschaft im Grunde zwei Ziele hat: einmal gegnerische Tore verhindern, dann beim Gegner Tore machen. Entsprechend diesen zwei Zielsetzungen sind also die funktionalen Führer diejenigen, die die Kleingruppen einer Mannschaft koordinieren, daß gleichzeitig beide Ziele erreicht werden. Hierbei ist es wichtig, daß das Spielsystem auf diese beiden Spieler zugeschnit-

ten ist. Die Einteilung in zwei Gruppen hat deswegen nur theoretische Bedeutung, weil die einzelnen Spieler nicht klar und eindeutig einer Gruppe zugeordnet werden können. Ein Verteidiger wird beim gegnerischen Angriff mit Sicherheit der Gruppe »Abwehr« zugeordnet werden. Greift die eigene Mannschaft an, so kann er sich durchaus weit vorne mit in den Angriff einschalten. Jetzt mußte er der Gruppe »Angriff« zugeordnet werden. Die funktionalen Führer bleiben davon unberührt, sie spielen ihre Rolle als Koordinatoren und stehen im Mittelpunkt des Spielgeschehens im Angriff wie in der Abwehr.
Um das Ganze nun wieder ein wenig in die Praxis zu übertragen, möchte ich Uli Hoeneß zitieren: »Eine gute Mannschaft braucht nicht viele Stars. Es genügen zwei Spielerpersönlichkeiten und Mannschaftskameraden, die auf deren Ideen eingehen.« Es müssen also *zwei* Spielerpersönlichkeiten sein: Ein einzelner überragender Spieler wäre überfordert, zehn Mannschaftskameraden zu koordinieren. Mehr als zwei Spielerpersönlichkeiten belasten die Mannschaft häufig mehr, als sie ihr nützen. Ihnen bleibt zu wenig Raum, sich selbst zu profilieren, der Konkurrenzdruck behindert das Zusammenspiel. Nicht umsonst haben alle erfolgreichen Bundestrainer auf eingespielte Mannschaftsteile aus den Vereinen zurückgegriffen, in die sie dann nur noch einzelne Spieler zu integrieren brauchten. Und immer wieder machten sie in Zeiten des Umbruchs die Erfahrung, daß die elf besten Spieler noch lange keine Mannschaft ausmachten. Auch Vereinsmannschaften waren schlecht beraten, wenn sie versuchten, durch den Kauf mehrerer Spielerpersönlichkeiten das Leistungsvermögen der Mannschaft zu steigern. Hier waren in der Regel langwierige und schmerzliche Pro-

zesse notwendig, in denen die Spieler lernen mußten, die ihnen zustehende Rolle zu akzeptieren. Und ferner müssen zwei Spieler, die in der Ausnahmesituation »Nationalmannschaft« harmonieren, noch lange nicht im Alltagsgeschäft »Bundesligamannschaft« miteinander auskommen. Das sind zwei grundlegende unterschiedliche Situationen mit eigenen Gesetzen. Und letztlich kann eine Bundesligamannschaft im Europapokal alle Konflikte beiseite legen und sich in ein hervorragendes Spiel hineinsteigern – im Bundesligaalltag sind die Probleme dann wieder da und außerordentlich hinderlich. Und schließlich scheint uns noch eine Bemerkung zur Eigendynamik der Mannschaft bedeutungsvoll: Der Trainer hat einen großen Einfluß auf die Mannschaft, die ganze Woche vor dem Spiel, in der Mannschaftsbesprechung und in der Halbzeit – aber nicht während der Spielzeit. Die Spieler haben uns immer wieder bestätigt, daß es sie eher durcheinanderbringt, wenn der Trainer ihnen etwas zuruft, weil sie häufig nicht genau verstehen, was er meint. Und im Sinne unserer Gruppentheorie sollte er es während des Spiels auch seinen beiden funktionalen Führern auf dem Rasen überlassen, wie sie sein Spielsystem und seine Taktik umsetzen.

Nun könnte man ja meinen, das Ganze sei ganz einfach. Man nehme einen fußballkompetenten Vereinspräsidenten, gebe ihm einen ebensolchen Manager zur Seite, engagiere einen erfolgversprechenden Trainer und baue um zwei Spielerpersönlichkeiten eine Mannschaft begabter und gut trainierter Fußballspieler – der erfolgreiche Fußballverein aus der Retorte. Doch wir haben mit Menschen zu tun, ihren Hoffnungen und Wünschen, ihren Ängsten und Befürchtungen.

Welcher Spieler glaubt denn schon, daß der Manager sein Bestes will? Und hat nicht der Präsident manchmal das Gefühl, daß sich die Spieler nur bereichern wollen? Wie ist es einem Trainer zumute angesichts der vielen Schleudersessel? Warum stellt der Trainer mich nicht auf, wo ich doch so hart trainiere; sieht der denn nicht, was in mir steckt? Hoffentlich pfeift das Publikum nicht gleich von Anfang an. Mal sehen, wie meine Kritiken heute sind.

Und schließlich denkt jeder, wenn ich nicht versuche, mich ganz alleine durchzubeißen, werde ich auch keinen Erfolg haben. Und so sind der Verein und die Mannschaft eine Kampfgemeinschaft, in der man sich gegeneinander durchsetzt und nicht miteinander.

Es ist schon makaber, wenn ein Trainer einen neuen Spieler, mit dem er in Zukunft erfolgreich zusammenarbeiten will, mit den Worten begrüßt: »Lachen Sie noch mal, Sie werden in Zukunft nichts mehr zu lachen haben.«

Es gibt Vereine, die sehr erfolgreich sind, weil sie gelernt haben, sich der ständig sich ändernden Umwelt und ihren Bedingungen anzupassen. Und wenn man diese Vereine betrachtet, so fällt auf, daß sie eine Vielzahl der Dinge, die wir bei unseren Analysen gefunden haben, bereits verwirklichen. Sie haben zum Beispiel den starken Präsidenten, der auch ein wenig vom Fußball versteht, darüber hinaus jedoch als integrierender Faktor im Gesamtverein fungiert und den Verein seriös nach außen repräsentiert.

Und sie haben einen Manager, der diesen Namen auch wirklich verdient, einen Geschäftsmann, der dafür sorgt, daß die Zahlen stimmen, daß der wirtschaftliche Erfolg der Fußballmannschaft gesichert ist. Sie haben einen Trainer, der mit den Spielern und nicht gegen sie arbeitet. Die Mannschaft selbst ist eine gut organisierte Einheit, jeder kennt seine Rolle, und es gibt im Spiel die zwei dominierenden Persönlichkeiten, an denen die anderen sich orientieren können. Und was das wichtigste ist, Präsident, Manager, Trainer und Spielerpersönlichkeiten arbeiten gut zusammen, sie sind eine Gruppe, die letztendlich für den Gesamterfolg des Vereins zuständig ist.

Für uns war es immer die Frage, wie sich diese Prozesse der Veränderungen im Verein beschleunigen lassen, damit nicht zuviel Zeit durch Konflikte verlorengeht. Unsere Antwort heißt, offen miteinander die Rollen abklären, so wie es ein guter Bundestrainer in der Nationalmannschaft tut – und da die Spieler in der Vereinsmannschaft öfter und intensiver miteinander zu tun haben, sollten sie auch öfter und intensiver ihre Rollen klären, vor allem in schwierigen Zeiten. Die Vereinsführung und die Trainer können sich darauf verlassen, daß die Spieler sich gegenseitig ganz gut einschätzen können, wenn man ihnen offen Gelegenheit dazu gibt. Der Grad der Offenheit wirkt sich auch positiv auf den Zusammenhalt im Spiel selbst aus.

Um dies zu erreichen, müssen wir allerdings mit einem Vorurteil gründlich aufräumen: Fußball ist schon längst nicht mehr ein Sport für geistig Minderbemittelte. Die meisten Spieler sind vor allem mit dem Kopf dabei.

ARNFRID ASTEL

Endspiel

Die Straßen sind leer.
Man könnte jetzt
Fußball dort spielen.

HEINER FLAIG

Matterhorn

Vom Weglassen.
Es ist nicht bewußte Fälschung, wohl aber die feine Kunst des Weglassens, wenn auf Plakaten ein PROMINENTENSPIEL angekündigt, FUSSBALL aber mit keinem Wort erwähnt wird. Darf man daraus schließen, Balltreten von Prominenten sei wesensmäßig etwas anderes als der herkömmliche Alt-Herren-Fußball, Senilen-Kick genannt? Man darf nicht nur, man muß.
Es ist nicht nur etwas anderes, es ist mehr!
Was da gelegentlich von einer intellektuellen und künstlerischen Oberschicht von Kabarettisten, Schauspielern, Regisseuren, Journalisten und anderen sogenannten Publikumslieblingen vorgeführt wird, ist für mich, der ich seit Jahren schon Groupie bei Prominentenspielen bin, die Krönung des Rasenspiels.

Vom Geistigen.
Was ist das, was da so fasziniert? Ich behaupte, es ist das Geistige in erster Linie. Es ist das ständige und ständig sichtbare Bemühen der prominenten Spieler, den Ball vor allem mit dem Kopf zu begreifen und zu beherrschen. Die Auseinandersetzung mit Ball und Gegner ist zunächst eine

geistige. Erst danach und wenn es sich überhaupt nicht mehr umgehen läßt, wird der restliche Körper, werden Beine, Füße, Arme, Hände, Ellenbogen eingesetzt. Mit dem herkömmlichen Sinn von KOPFBALL hat das nichts, mit der Dominanz des Hirns gegenüber anderen Körperteilen alles zu tun, was sich an einem ganz einfachen Beispiel gut verdeutlichen läßt:
der von einem prominenten Fuß getretene Ball nimmt in der Regel sowohl eine geistig-gedachte als auch eine real-sichtbare Flugbahn. Beide Flugbahnen sind selten identisch, was Reiz und Spannung ungemein erhöht. Sinngemäß gilt das auch für bestimmte Spielzüge, zum Beispiel die Steilvorlage. Sie landet fast ausschließlich, obwohl geistig bewältigt, also taktisch richtig gedacht, in den Beinen der gegnerischen prominenten Verteidiger. Eine Form von schizophrenem Ball-Bewußtsein? Keinesfalls, denn die Erklärungen liegen auf der Hand:
die schwer kontrollierbaren, physikalischen Eigengesetzlichkeiten des runden Leders, die mangelhafte Kongruenz zwischen geistig beherrschtem Wollen und faktischem, kickerischem Können und – die falschen Stollen.

Vom Matterhorn.
Wer prominent ist und Fußball spielt, tut das nicht ohne Eigennutz, auch nicht aus Spaß und schon gar nicht für den sogenannten guten Zweck allein. Dies will uns das Plakat nur glauben machen, wenn dort fettgedruckt steht:

BENEFIZSPIEL FÜR DIE ERHALTUNG DES MATTERHORNS.

Was hat schließlich der Prominente mit dem Matterhorn im Sinn, wenn er sich für dessen Erhaltung die Beine malträtiert? Nichts. Es geht ganz schlicht (auch hier) ums Geld. Nicht um all zu viel, nicht um all zu wenig. Jedenfalls: wüßte Hermann Neuberger, der DFB-Boß, um die beachtlichen Zahlen zahlender Zuschauer bei Prominentenspielen, er wäre ein Matterhorn-Fan. Auch er.

Von der Geltung.
Was mag einen Menschen von Prominenz dazu treiben, sich freiwillig der todsicheren Lächerlichkeit preiszugeben, für die schon sein bloßes Erscheinen auf dem Rasen sorgt? Da ist der das Trikot bedenklich spannende, überdeutlich hervorquellende Kugelbauch, da sind die eingefallene Brust, hängende Schultern, dürre, schneeweiße Beine und Knie – und das alles bei einem distinguierten Herren, einem auf sein Äußeres bedachten Ästheten, der sich die teuersten Maßschneider leistet, um den sich Friseur und Masseur ständig bemühen. Handelte es sich nur um einen Politiker, der dergestalt an die Öffentlichkeit tritt, er genösse quasi parlamentarische Immunität, man würde sagen, er exhibitioniert unter politischen, wahlkampftaktischen Notständen.
Bei anderen als politischen Tretern müssen hingegen Motive angenommen werden, welche rational nur schwer erklärbar sind. Freud würde uns nahelegen, bei den unterdrückten Kindheitswünschen zu suchen, einem übermächtigen Wollen zum Beispiel, das Menschen oft bis ins hohe Alter nicht mehr verläßt. Das wäre in unserem Falle der Wunsch, nicht nur Fußball zu spielen, sondern Fußball spielen zu können, gar ein Star zu sein, wie – wie Fritz Walter, Pele, Szepan, Beckenbauer...
Was nützen, so frage ich mich, dem Prominenten sein Ruhm und seine Popularität, wenn seinem Selbstwertgefühl da die

Krone versagt bleibt, wo er sie so gerne trüge: auf dem grünen Rasen? Er leidet unter seinem Verhinderten-Syndrom, ist ein Star und doch keiner.

Vom Lachen.
Fußball gilt als ernstes Thema, über das keine Scherze gemacht werden sollten. (Dieter Kürten erlaubte es sich einmal bei einem Interview mit Hermann Neuberger mehrfach zu lachen, und das kostete ihn eine Endspielreportage.)
Hierin ist Prominentenspiel vom Wesen her anders, ist mehr als nur Fußball: Obwohl streng nach FIFA-Regeln gespielt wird, darf gelacht werden. Vor allem die Zuschauer sollen lachen. Das ist im Eintrittspreis inbegriffen. Auch die Spieler können hin und wieder lachen; Schiedsrichter und Linienrichter lachen nie. Das verbietet offenbar das internationale Schiri-Reglement. Es sähe zudem auch wirklich komisch aus, würden sie in ihrem Erstkommunikanten-Look auch noch lachen. Das Publikum lacht übrigens keineswegs von sich aus. Es lacht meist nur dann, wenn prominente Spieler vom Stadionsprecher zum Lachen und Belachen freigegeben werden.

Vom wichtigsten Mann.
Als weitgereister Groupie von Prominentenspielen behaupte ich, daß es nur einen wirklich wichtigen Mann im Stadion gibt: den Stadionsprecher, genauer gesagt, seine Stimme. Dieser Mann besitzt die unerhörte Kühnheit, 90 Minuten lang dem Publikum ein Spiel vorzusprechen, das hier nie und nimmer stattfindet, Spielzüge zu beschreiben, die kein Mensch sehen kann, weil sie allenfalls gedacht, aber nicht vollendet werden, begeistert von Fallrückziehern zu jubeln,

welche, kaum angedeutet, im Ansatz eines altersschwachen Kreuzes steckenbleiben.
Ich hege große Bewunderung für Prominente, auch wenn sie oder gerade wenn sie Fußball spielen, aber die wahre Verehrung gebührt dem Stadionsprecher. Die Besten unter ihnen werden auf dem internationalen Markt für Prominentenspiele mit hohen Summen gehandelt, werden mit Privatjets eingeflogen und verhätschelt wie Primadonnen. Sie sind ihr Geld wert. Dennoch bleiben sie die großen Unbekannten. Sie kommen, sprechen und gehen, sind Phantome und ähneln darin denen, die sie oft 90 Minuten lang lautstark kommentieren.
Dem Besten unter den Besten gelang einmal das Meisterstück, einen Prominenten, der in letzter Minute abgesagt hatte, dennoch zwei Halbzeiten hindurch spielen zu lassen. Sogar einen Elfmeter ließ er ihn verwandeln.

Vom Publikum.
Auf den Rängen sitzen Fans, die man normalerweise bei einem Fußballspiel nicht sieht. Sie kommen, um ihre Lieblinge, die Juhnkes, Valeriens, Drechsels, Hildebrandts – ihre strahlenden Flimmerhelden einmal stolpern, fallen, keuchen und versagen sehen. Und – wen wundert's? – diese werden auch hier ihren Erwartungen gerecht. Vor allem aber: sie sind leibhaftig zu erleben, lächeln einem sogar zu, sind Menschen wie du und ich.

Von einem Macher.
Ob es nun für die Erhaltung des Matterhorns zu spielen gilt, oder sonst wofür, einer der Drahtzieher und Schlangenbeschwörer, Macher und Organisatoren, Durchpeitscher und

Rattenfänger sticht aus allen hervor, ist der oberprominente Protagonist: Sammy Drechsel.
Er hielt sich selbst stets für einen Klasse-Fußballer, blieb in Wirklichkeit aber immer im Mittelmaß stecken. Und dies war und blieb über all die Jahre sein Trauma. Man kann sagen, daß wir Sammys Trauma letztlich die Popularität des Prominentenspiels verdanken. Fast immer war er der Ausrichter. Er war ein Idi Amin bei der Mannschaftsaufstellung – auch der gegnerischen. Wer sich da nicht fügte, wer da aufmuckte, wer da nicht Sammys Gegenspieler abgeben wollte, wie sich Sammy das so wünschte, der wurde Kalfaktor, der hatte verschwitzte Trikots einzusammeln, Schmerzmittel zu verteilen, die Frauen, Freundinnen anzurufen.
Mittags Fußball – abends Kabarett, dies war Sammys Erfolgs-Devise.

Vom Matterhorn II.
Als normaler Sterblicher kann man ganz einfach dastehen und das Matterhorn bewundern. Man kann über einen grünen Rasen gehen, ganz allein und ohne Ball. Das kann einen ganz schön glücklich machen. Man kann auch mit Ball gehen, unterm Arm zum Beispiel. Und man kann den Ball vor sich herschieben, mit dem Füßen; auch das kann schön sein.
Wenn das alles ein Prominenter macht, ändert sich im wesentlichen nichts. Aber es scheint deprimierend zu sein, alleine auf einem Rasen zu stehen, zu gehen oder zu laufen, wenn man prominent ist.
Wenn man prominent ist, muß man Zuschauer haben, auch wenn es – fußballtechnisch gesehen – gar nichts zu schauen gibt.

RAINER BASEDOW

Niemand kann sich entziehen

Es war Anfang der siebziger Jahre. Auf einem Sportplatz im Norden Schwabings in München traf der renommierte Prominentenverein FC Schmiere auf eine Kneipenmannschaft des »Alten Simpl« und der »Säge«. Niemand gab dem wild zusammengewürfelten Schluckerhaufen eine Chance gegen die mit ehemaligen Profis nur so gespickte Mannschaft um Sammy Drechsel. Aber wie es manchmal so geht, der hohe Favorit unterlag.

Für mich hatte dieses Spiel einen besonderen Reiz, galt es doch den Torschützenkönig des FC Schmiere, Sammy Drechsel, so locker wie möglich und in netter Form auszuschalten. Dieses gelang mir dann auch. Sammy tobte zwar und schrie mich an: »Deck doch den Fonsä Stemmer« (ehemals 1860 München), »der schießt doch die Tore!« Ich erklärte ihm: »Den Fonsä kann ich sowieso nicht halten, aber du schießt kein Tor.« Sammy wurde noch wütender und vor lauter Wut holte er mich dann zum FC Schmiere. So kann man sich eben seine Gegner auch vom Leibe halten.

Inzwischen haben wir die achtziger Jahre erreicht, und noch immer treibt der FC Schmiere sein Wesen auf allen möglichen Sportplätzen der Bundesrepublik, aber auch der Schweiz und in Österreich. Es wird allerdings merkwürdiger und merkwürdiger. Ich kenne keinen anderen Verein von Fußballverrückten dieses Alters. Da rennen Samstag für Samstag – im Sommer auch noch während der Woche – mehr oder weniger beleibte Herren gehobenen Alters bei Schnee und Eis, Sonne und Wind, im Schlamm und durch Pfützen, als würden sie Gehälter der Spitzenverdiener der Bundesliga beziehen. Ehemalige Profis quälen da ihren »hohen Magen« genauso über den Rasen, wie der 1. Konzertmeister des Münchner Bachorchesters oder ein Professor oder diverse Anwälte. Sie alle brauchen diesen selbstgewählten Wochenendstreß.

Natürlich geht das alles nicht ohne die »echten« Schmieristen, Schmieranten, Schmierer oder so, die Männer aus der Spaßmacherbranche. Ob Maximilian Schell seinen Salzburger Jedermann denselben sein läßt, oder die Kabarettistenvereinigung von Sammy Drechsel über Dieter Hildebrandt, Werner Schneyder, Bruno Jonas, mich eingeschlossen, Fußball ist für uns alle nicht die herrlichste Nebensache der Welt.

Nun soll aber niemand glauben, es gehe bei uns nur locker, lustig und komisch zu – komisch sind höchstens unsere Bemühungen, dem Ball klarzumachen, daß er das zu tun hat, was unser Kopf möchte, die Füße aber oft nicht realisieren können. Nein, es wird bitterer Ernst. Von Sammy weiß man ja inzwischen: einen ehrgeizigeren Mittelstürmer hatte selbst eine deutsche Nationalmannschaft nie aufzuweisen; aber auch uns andere erwischt es hin und wieder. Da hilft es auch überhaupt nicht, daß wir vor einem Spiel freundlich, abgeklärt über Sammy lächelnd uns sagen, wir doch nicht.

Ich erinnere mich noch genau an ein Spiel, bei dem mich mein Gegner zweimal unsanft in die Horizontale beförderte.

Und da trat es auch bei mir auf: Adrenalinstoß durch meine Adern, und ich hörte mich brüllen: »Komm du nochmal in meine Gegend, dann kriegst du, was du brauchst!« Hinter mir lachte jemand, wütend drehte ich mich um und sah in das grinsende Gesicht von Dieter Hildebrandt, der sehr milde und sanft sagte: »Ja, ja, Rainer...«
Da löste sich dann einiges in mir und ich wurde wieder zu einem bedingt ansprechbaren Wesen. Nur darf bitte niemand glauben, man wäre dann für alle Zeiten geheilt, es kann am nächsten Samstag wieder passieren.
Und so wird es immer sein. Es geht auch nicht anders, wobei erschwerend hinzukommt, daß mit zunehmendem Alter und der damit verbundenen Schwächung des Fleisches, der Geist so willig sein kann, wie er will, er verliert sichtlich an Einfluß. Diese Tatsache wird uns aber nicht hindern, Samstag für Samstag, die »Töppen« mühsam zu schnüren, einen Gegner zu suchen und in der Kabine ein Trikot zu finden, das eventuell nicht zu albern aussieht.
Vielleicht wird man uns auch eines Tages die Fußballschuhe schnüren, uns auf den Platz tragen müssen. Wer weiß es? Aufgeben werden wir wohl kaum. Geht ja auch nicht!

SEPP MAIER

Wider Willen ins Tor

Mit neun Jahren ließen mich die Fußballer erstmals mittrainieren. Wettspiele sind bekanntlich erst ab zehn Jahren erlaubt. In der Schülerelf des B-Klassenvereins TSV Haar war ich als Feldspieler eingereiht, als Halbrechter, als Halblinker, als Mittelstürmer, wie es gerade kam. Das sind so die Posten, von denen ich auch heute noch schwärme. Die ganze Schülerzeit hindurch, vier Jahre also, durfte ich mich als Torschütze versuchen. Mit 14 Jahren rückte ich in die Jugendklasse auf. Mein Verein suchte gerade für seine Jugendelf einen Torhüter. Nur so zur Gaudi probierte ich es mal zwischen den Pfosten. Ich habe mich aber keinesfalls mit dem Gedanken getragen, oder auch nur den leisesten Wunsch gehabt, einmal für immer auf der Torlinie zu stehen. Schließlich ist das Schießen von Toren doch sehr viel befriedigender, als selber die Bälle ins Netz zu bekommen.
Ich hatte zwar zu Hause, mit meinem gestrengen Herrn Papa als Trainingspartner, sehr oft als Torhüter Beifall bekommen. Mein alter Herr hatte wahrhaftig einen Bombenschuß: wenn mich einer seiner Bälle mit voller Wucht traf, dann landete ich mit dem Ball zugleich im Netz, wie einstens Baron Münchhausen selig auf seiner Kanonenkugel. Aber gefangen hatte ich das Leder! Und so muß sich wohl auch

eine gewisse Fertigkeit auf diesem Mannschaftsposten bei mir ausgebildet haben. Das begann bereits im »Blütenalter« von etwa sechs Jahren, wo allgemein der »Straßenfußball« mit Blechbüchsen und sonstigem Ballersatz im Schwange ist. Wie gesagt, ich hatte schon einige Übung als Torwächter, bevor ich erstmals beim TSV Haar in einem regulären Fußball-Vereinsdreß dieses Amt versehen durfte. Man muß mit mir zufrieden gewesen sein. Ich spielte nämlich dann immerhin ein volles Jahr lang abwechselnd im Tor und als Stürmer auf allen Posten. Eines Tages wurde Ludwig Göschl, der »etatmäßige« Torwart, verletzt. Der Ludwig spielt übrigens heute nur noch gelegentlich Fußball. Also hütete ich ersatzweise für ihn seinen Kasten in einem Punktspiel. Und, leider, hätte ich beinahe gesagt, mit so großem Erfolg, daß alle meine Proteste gegen die »Versetzung« zwischen das Gebälk fruchtlos blieben.
Ich habe meinen Jugendleiter angefleht, mich doch »draußen« im Feld spielen zu lassen. Vergebens. Erst als der Ludwig wieder fit war, durfte der Sepperl gottlob wieder stürmen. Das dauerte aber nur ganze zwei Monate. Wieder setzte eine dumme Verletzung den Ludwig außer Gefecht, und wieder war ich der Leidtragende. Jugendleiter Heiß beorderte mich ein weiteres Mal ins Tor. Diesmal schlüpfte ich ohne zu murren ins Trikot Göschl. Es sollte ja, auf Ehr und Seligkeit nur eine Ausnahme sein, und außerdem: Es war uneingestandenermaßen schon ein Vergnügen geworden, auf der Torlinie die Schüsse zu entschärfen. Wie es nun der Zufall haben will, spielten wir am Samstag darauf gegen den FC Bayern München, gegen seine zweite Jugendmannschaft. Diese erste Begegnung mit dem FC Bayern ist für mich zu einer Art Schicksalswende geworden, und daß sie

besonders erfreulich gewesen wäre, könnte ich nicht behaupten.
Die »Bayern-Jugend« suchte auch einen Torwart. Das habe ich aber damals nicht gewußt, sondern erst sehr viel später erfahren. Wir verloren gegen die Bayern 0:7. Aber, ich möchte mich jetzt nicht loben, ich war trotzdem der beste Mann auf dem Platz. Denn ohne eine gute Leistung des Towarts hätte das Ergebnis nämlich gewiß 0:12 gelautet. Ich war damals vielleicht 1,65 Meter groß und das Tor ist immerhin 2,44 Meter hoch und 7,32 Meter breit! Die Bayern hatten deshalb geglaubt, sie könnten mir alle Bälle hoch hineinpfeffern. Aber da hatten sie sich mächtig getäuscht. Wie der Ball auch kam, irgendwie kriegte ich ihn meistens in die Finger, ganz gleich, aus welcher Entfernung die rothosigen Fußball-Buben das Leder auch abfeuerten.
Richard Kupferschmidt, der Bruder des berühmten Kupferschmidt, mit dem zusammen ich als Maschinenschlosser lernte, hatte mir schon oft vom FC Bayern erzählt und eigentlich erst den Wunsch geweckt, einmal selbst in dem rotweißen Dreß der Münchner spielen zu dürfen. Ich hatte auch schon beim Training an der Säebener Straße zugeschaut, und was ich sah, hatte mir imponiert. Nach dem Spiel gegen die Bayern-Jugend wurde mein Entschluß endgültig. Ich wollte zum FC Bayern, wo es so gute Spieler gab, daß gegen sie unsere Mannschaft nur einen Außenseiter abgab. Es versteht sich von selbst, daß unser Jugendleiter von meinem Wunsch, »umzusteigen«, nicht gerade begeistert war. Er hatte nicht genügend Spieler, um leichten Herzens auf einen vielversprechenden, wie ich es nun einmal zu sein schien, verzichten zu können. Andererseits wollte er mir aber auch nichts in den Weg legen. Es war eine Ehre für

mich, den Buben aus der Vorstadt, in einem so traditionsreichen Club spielen zu dürfen. Und so trat ich 1960, mit 15 Jahren, dem FC Bayern bei. Meine zukünftigen Kameraden hatten nach ihrem 7:0-Sieg gespöttelt: »Wie kann nur ein solcher Knirps einen so großen Ball fangen?« Besagter Knirps also war nun stolzes Mitglied in ihrer Jugendabteilung und ihr Mannschaftskamerad geworden.

RICHARD STÜCKLEN

Eingespielt – Eine wirkliche Liebeserklärung an den Fußball

Schon als Kind war der Fußball für mich die Wonne des Lebens. Hätte man mir mit 14 den Ball genommen, ich hätte es als schlimmen Schicksalsschlag bewertet. Schon als Kinder »kickten« wir wie Profis nach einem abgewandelten Aphorismus des unvergessenen Karl Kraus: »Man muß jedesmal so spielen, als ob man zum ersten und zum letzten Male spiele. So viel spielen, als ob's ein Abschied wäre und so gut, als bestände man ein Debüt.« Der Meniskus hat bei mir nicht gehalten.

An den variierten Systemen, Taktiken und Spielanlagen habe ich zusammen mit vielen Tausenden immer wieder meine helle Freude. Nach jedem Spiel stelle ich als mein eigener Arzt nicht ohne Erstaunen fest, wie zwei spannende Halbzeiten meine dynamische Ausdauer als Politiker zu festigen verstehen. Mühelos gelingt mir nach solchem Training, von dem allerdings Wolfgang Mischnick aus eigener Erfahrung einiges zu ahnen scheint, im Ältestenrat des Deutschen Bundestages das Dribbling durch die Tagesordnung.

Dennoch muß ich leider gestehen, daß ich als Parlamentarier oft nicht ohne Neid am Spielfeldrand sitze. Das Publikum bejubelt ein Mannschaftsspiel, dessen Regeln unkompliziert sind und dessen Erfolg sichtbar in den Toren liegt. Die

Bundesregierung könnte viel aus dieser erfolgsorientierten Spielplanung und Durchführung lernen, vom »Partner- und Gruppenverhalten in der leistungsbezogenen Situation« bis hin zum Nutzen des Doppelstoppers und der Abseitsfalle.
Die Opposition sollte mehr den Einsatzwillen der Sturmspitzen studieren. Dabei ist zu beachten, daß jene alte englische Spielregel, derzufolge »jeder Spieler, der der feindlichen Linie näher steht als der, der den Ball stößt, sich im Abseits befindet«, schon seit 1866 außer Kraft gesetzt ist.
Obwohl Fußball und Politik so viel gemeinsam haben, liegt die Gunst des Publikums eindeutig beim runden Leder. Vielleicht liegt das daran, daß unsere Parteien zur Zeit das leistungsorientierte und umweltfreundliche Mannschaftsspiel unserer Nationalelf zu wenig studieren, von der Jugendmannschaft ganz zu schweigen. Ihre Vertreter haben sich erst jüngst als Gäste in der Fragestunde des Parlaments unter mehreren hundert Jugendlichen als besonders »eingespielt« erwiesen.
Für eines muß ich als »alter Fußballhase« allerdings noch mit Nachdruck plädieren: Gute Fußballspieler erfassen ihre Spielzüge und ihre Ideen durchaus nicht mit dem Fuß, sondern mit dem Kopf. Spurts und Finten, Schulterschüsse und Paßarten lassen klar erkennen, daß der Fußball trotz der vielen Ballannahmen mit dem Fuß, trotz der häufigen Innen-, Außen- und Vollspannschüsse eine ausgeprägte anspruchsvolle Kopfarbeit ist. Das wäre nicht nur am Elfmeter oder am Fallrückzieher, sondern vor allem auch an den bei der heutigen Abwehrtaktik so häufigen Kopfstößen exakt nachweisbar.
Fußball-Lehrbücher unterstreichen meinen Verdacht durchaus. Sie unterscheiden auf wenigen Seiten schon so viele

Kopfstöße, wie sie in der Politik nie und nimmer durchführbar erscheinen. Die Verhaltensregeln für Abgeordnete würden diese Wettkampfpraxis zwar nicht untersagen können, aber meinen Parlamentskollegen fehlt wohl noch das richtige Timing im Anlaufen und Abspringen.
Es gibt da zum Beispiel den Kopfball aus dem Stand, den jeder Politiker von vornherein ablehnen würde. Das gleiche dürfte für den Absprung mit einem oder zwei Beinen gelten. Der Kopfstoß aus der Drehung heraus oder der Hechtkopfstoß in den Strafraum würde da schon eher in das parlamentarische Trainingsprogramm aufzunehmen sein.
Letztlich aber sind es nicht nur die variable Spielanlage, die Professionalisierung, die taktische Handlungsfähigkeit oder die Motorik, die die Verwandtschaft des Fußballspiels – und nicht nur als Kopfballspiel – mit der Politik verdeutlichen. Man weiß heute aus zahlreichen Erfahrungen und Untersuchungen, daß die linken und rechten Flügelstürmer besonders gefährlich sind und daß ein Linksaußen in der Regel nicht mit »rechts« und ein Rechtsaußen nicht mit »links« schießen kann. In vielen Fällen entscheidet die Qualität des Mittelfeldes über den Spielausgang.
Die Regierung etwa liebt geradezu die zeitverzögernden Dribblings im Mittelfeld. Spielverzögerungen durch Finten, Störungen bei der Ballannahme, Auflaufenlassen und Schüsse ins Aus sind dabei keine Seltenheit. Die Opposition dagegen übt lange Pässe, Flanken, Eckstöße, das Konterspiel und vor allem den Torschuß. Mit besonderer Laufarbeit versucht sie den Spielschwerpunkt in die gegnerische Hälfte zu verlegen und den Torwart beim Fangen des Balles zu behindern.
Bayern und sensible Naturen wie ich entscheiden sich bei

der Wahl ihres Stammplatzes oft für die Position des Mittelstürmers. Er braucht nur selten eine strapaziöse Deckungsarbeit leisten, er steht dem gegnerischen Tor und damit dem Erfolg am nächsten, und er kann sich vor allen anderen mit gekonntem Kopfballspiel in Szene setzen. Seine oft gerühmte Individualtaktik sichert ihm wie etwa Fritz Walter, Uwe Seeler oder Gerd Müller schon früh einen steilen Aufstieg und eine besondere Pflege der Geselligkeit zum Publikum. Dieser Teil ist, darauf möchte ich hinweisen, als erster bescheidener Ansatz meiner späteren Memoiren zu verstehen, weil ich hier tiefenpsychologisch darlege, warum ich in frühester Jugend bereits den Beruf des Mittelstürmers ausübte, der mich nach dem Streik meines Meniskus in die Karriere des Postministers, des CSU-Landesgruppenchefs und des Parlamentspräsidenten führte.
Maßgebend dafür waren wohl meine Erfahrungen mit Verletzungen, Ermüdungen, schlechter Tagesform, Disziplinlosigkeit und dem Einspielen junger Sportler. Auch die Tatsache, daß ich später mit den Postleitzahlen wohl die meisten Tore schoß – keine Eigentore, mag noch nachträglich als Beweis für meine Ausdauer und meine Regelkenntnisse gegolten haben.
Jedenfalls brauche ich bis heute nicht auf das mich begeisternde Spiel zu verzichten. Wenn ich nicht in Nürnberg oder anderswo auf den Tribünen sitze, habe ich auch im Parlament die Chance zum »fair play«: Der Präsident des Parlaments ist nicht der »Schulmeister der Nation«, jedoch ein gerechter Schiedsrichter und Spielleiter, mit Ordnungsmacht bei Regelverstößen oder groben Fouls bis hin zum Platzverweis.
Dennoch möchte ich heute noch manchmal lieber Fußball

spielen. Bei diesem Mannschaftsspiel weiß man nach 90 Minuten, woran man ist. Bei der Politik ist das nicht immer der Fall. Für mich gilt das Wort: Fußball ist die schönste Nebensache der Welt.

SCHOBERT & BLACK

König Fußball wurde entthront

Vor nunmehr fünfzig Jahren wurde Fußball verboten. Zwar gibt es heut' immer noch geheime Fanatiker, die der Meinung sind, daß diese Entscheidung falsch war, aber wenn ich zum Beispiel an die letzten legalen Spiele der 70er Jahre zurückdenke – die älteren unter Ihnen erinnern sich sicher noch an die WM in der sogenannten BRD –, muß ich zugeben, daß diese Entscheidung richtig war. Praktisch war es damals doch völlig egal, wer ein Endspiel gewann oder verlor, die Diskriminierung war stets die gleiche: Jeder Holländer ein unverstandener Versager, jeder Deutsche ein arroganter Sieger.

Natürlich stehen wir heut' über den Dingen.
Es gibt anderes, das sich mehr lohnt.
Kein Mensch will noch Nationalhymnen singen.
König Fußball wurde entthront.

Wir lächeln natürlich heute über die damaligen Auswüchse der Fußballbegeisterung. Denken Sie nur an das deutsch-holländische Käseembargo, den polnisch-brasilianischen Entenkonflikt, den argentinisch-italienischen Nudelauflauf, oder an die bitteren Jahren nach dem heißen 75er Sommer.

Dies alles bewies, daß Fußball als Grund für wirtschaftliche

Repressionen, Ventil für schon vorhandene Aggressionen einem Nachbarland gegenüber und ideologisches Druckmittel benutzt wurde. Somit blieb den Verantwortlichen der FUFU nur noch eine Entscheidung übrig: Den Fußball zu verbieten.

Natürlich stehen wir heut' über den Dingen.
Es gibt anderes, das sich mehr lohnt.
Kein Mensch will noch Nationalhymnnen singen.
König Fußball wurde entthront.

Der erste Sturm der Entrüstung brachte uns beinahe an den Rand des Chaos. Empörte Fanatiker entführten die minderjährige Tochter des Vorsitzenden der FUFU, Sir Gustav Gericke, und wollten sie erst nach Zahlung eines Lösegeldes in Höhe von 22 Fußbällen wieder freigeben. Wie Sie alle wissen, wurde das Lösegeld nicht gezahlt. Ein französisches Forscherteam befaßte sich im Untergrund mit der Züchtung von Bibern, die darauf spezialisiert waren, in Serie Torpfosten zu nagen. In Deutschland wurde das Führen des Namens Müller verboten, die Seitenzahl der Telefonbücher verringerte sich daraufhin um die Hälfte.

Natürlich stehen wir heut' über den Dingen.
Es gibt anderes, das sich mehr lohnt.
Kein Mensch will noch Nationalhymen singen.
König Fußball wurde entthront.

Nach diversen erfolglosen Versuchen, die aufgebrachten Massen durch Sackhüpfolympiaden und Eierlaufmeisterschaften neu zu orientieren, kamen die Spitzen der FUFU um die Jahrtausendwende überein, den Fußball – wenn auch in neuer Form, wieder zu legalisieren.

Da feststand, daß das Aufeinanderprallen fahnenschwingender Schlachtenbummler in den Stadien stets der Auslöser für

die folgenschweren Massenhysterien war, erfand man den Computerfußball. Morgen zum Beispiel sitzen sich im Halbfinale Haiti und Formosa gegenüber. Die Daten über körperliche Fitneß, politische Einstellung und Konfession der Spieler, Windrichtung, Platzbeschaffenheit und ähnliches wurden in den letzten Tagen dem FUFU-Welt-Computer eingespeist.
Morgen, nach der fast dreißig Sekunden dauernden Live-Übertragung der Computerentscheidung, werden 4,2 Millionen Zuschauer, gemütlich in ihren Fernsehsesseln sitzend, wissen, wer dieses dramatische Spiel gewonnen hat.

Natürlich stehen wir heut' über den Dingen.
Es gibt anderes, das sich mehr lohnt.
Kein Mensch will noch Nationalhymnen singen.
König Fußball wurde entthront.

BERNHARD MINETTI

Fußball und Theater

Sepp Herberger ist mir einer meiner wenigen echten Freunde. Ich muß von jenen absehen, die emigrierten. Einer war Auerbach, ein Bühnenbildner, Reinking-Schüler, früh verloren nach 33. Ein anderer Freund... Sepp Herberger war mein wichtigster, mein wesentlichster Freund. Sie können es daran ermessen, daß ich mich heutzutage bei vielen Anlässen und Vorhaben frage, was würde er sagen, wie würde er sich verhalten.

> Wie würde Herberger sich im »Fall Schuster« verhalten. Gab es damals keine Schusters, gibt es heute keine Trainer-Persönlichkeiten wie Herberger mehr?

So kann man das nicht vereinfachen. Wer war der Schuster von damals? Ich halte Schuster – in seiner Entwicklung ist er natürlich noch längst nicht fertig gewesen, wie ich ihn beobachtet habe, für eine einmalige, überragende Begabung. Die Verschiedenheit zu Breitner – das ist jetzt wie Minetti/Wildgruber – wäre zu erörtern. Aber noch nicht fertig. Die entscheidende Frage wäre, wie man ihn dahin entwickelt, daß er mal das Spiel macht. Er kann sowohl diesen jugendlichen, begeisterten – Minettis erste Epoche – Stürmer spielen, er kann inspirieren, und er kann auch Tore schießen, will Tore schießen. Sturm und Drang. Fritz Walter konnte auch Tore schießen, hauptsächlich aber machte er das Spiel, und er konnte auch bescheiden und unterordnerisch wirken. Diese Liebe Fritz Walter/Sepp Herberger – eine völlig unverdächtige – war eine Vater-Sohn-Liebe. Wenn ich mir vorstelle Herberger/Schuster, ich meine, das ist dann eine menschliche Frage, findet eine Liebesbeziehung statt oder nicht. Begegnen sich Romeo und Julia oder nicht. Romeo braucht ja nicht der Julia zu begegnen. Oder Herberger und ich. Das fand eben statt.

Wann lernten sie sich kennen, und wie?

In einem D-Zug. Sprach er mich an, sprach ich ihn an? Ich weiß es nicht. Er spielte damals bei der »Tennis Borussia« in Berlin.

Worüber sind sie ins Gespräch gekommen?

Über Fußball natürlich. Er hat mich selten Theater spielen sehen, aber er wußte alles von mir.

War Herberger Theatergänger?

Wenig. Er hat mich nur gesehen in der »Liebe der vier Obersten« in Frankfurt und im »Menschenfeind« im Schloßparktheater Berlin. Filme mit mir kannte er. Doch sein Urteilsvermögen über die Vorstellung, die Theatralik, das Ensemble, die Personen, entstand aus der Vorstellungskraft, aus der Art, wie er seine Mannschaften zustande brachte. Sie war psychologisch. Sie war eine ganz unwissenschaftlich unintellektualistische Fähigkeit, Psyche zu behandeln und zu erkennen. Das war eine einmalige Fähigkeit. Derwall muß davon was haben, obwohl er viel trockener, vorsichtiger ist. Seppl hatte die Intuition und die Instinkte genialischer Menschen. Er war imstande, eine Aufführung zu betrachten, und sagte, zum Beispiel im Sinne des Konkurrenzschaffens innerhalb einer Mannschaft, eines Ensembles, wir haben das oft miteinander verglichen, er sagte dann: ›der ist schwach und wird nur mitgenommen vom Ensemble; der findet nicht zu sich, der hat noch nicht genug Technik, der kann nicht genug, will aber, der ist originell; der ist handwerklich perfekt‹. Da habe ich ihn gefragt: »Seppl, du redest jetzt über das ganze Ensemble, über meine Kollegen, wie fandst du denn mich eigentlich?« Da sagte er: »Ha, du weischt doch selbscht, was du machscht.« Das war die Kritik nach der »Liebe der vier Obersten« in Frankfurt. Das andere war hier der »Menschenfeind«, da sagte er nach einer Weile, wir saßen schon beim Bier; und ich fragte, wie er mich fand: »Tja Bernhard, bis zur Pause haste demonstriert, was du kannst, da haste viel gedribbelt. Nach der Pause hast du die Tore geschossen.« Und es stimmte! Ich war zuerst befangen, weil er drin saß, rettete mich in die Nuancen und meine Fähigkeiten, er vermißte wohl das Erlebnis. Ich hatte mich dann befreit, spielte mich frei, stellte die Existenz her. Die Rolle lebte.

Sie fuhren auch zu den Spielen der deutschen Nationalmannschaft – im Mannschaftsbus. Waren Sie beim Endspiel gegen die Ungarn in Bern 1954 dabei, Herbergers größtem Triumph?

Nein. Aber nach dem Spiel in Basel, das wir meines Wissens 5:3 gewonnen hatten, fuhr ich mit meiner Tochter zurück. Und an einer Tankstelle trafen wir Fritz Walter, Liebrich und Ottmar Walter zufällig, und sprachen kurz über das Spiel. Da fiel von Fritz Walter, lachend, als erzähle er einen Witz, die Bemerkung: »Wissen Sie, der Sepp will mit uns Weltmeister werden.«

Er hatte sonst nie darüber gesprochen. Um sich auch vor der

Öffentlichkeit nicht in Erfolgszwang zu bringen. Aber damals hätte wohl jeder gedacht, der spinnt.
Die Größe Herbergers kam zum Vorschein in der Phase nach der Weltmeisterschaft, als es schlecht lief, als wir gegen Belgien verloren, und als er mit Kübeln von Dreck von der Sportpresse – ein Thema für sich – begossen wurde, er und seine Mannschaft. Wie er da den Kontakt zu den Spielern gehalten hat, wie er das verdaut hat, wie ein Mann, der eben hoch war und kurz darauf ganz tief, das hatte Größe. Der Mensch hatte sich in sich nicht eine Spur verändert. Eine große Menschlichkeit, wie überhaupt Beruf und Mensch sich gegenseitig durchdringen, wir sprachen über meine politischen Rollen, das ist auch eine Spannung, mit der ich mein Leben ausfülle.

Ebenso wie in der Theaterkritik gab es doch auch im Sportjournalismus Könner. Wer war ihr Ihering, ihr Kerr im Stadion?

Es gab den großartigen Zimmermann, der Fußballkommentator par excellence, was heute für mich Rudi Michel und Ernst Huberty sind. Die Moderatoren, die heute ans Mikrophon dürfen, also das ist ja teilweise eine Beleidigung, was für Jüngelchen da über Fußball reden und nachplappern, was sie sich die Woche zuvor angelesen haben.

Es gibt auch hier den subjektiven »Hurra«-Stil und präzisen, nüchternen Kommentar. Was bevorzugen Sie?

Also, entweder man macht's so wie der Meisel, der Österreicher, der dauernd Kabarett macht, der dauernd spricht, aber man gewöhnt sich mit der Zeit daran, es ist amüsant. Oder voller Reserve, immer nur antippend, wie es Huberty bei den Länderspielen macht. Aber hier, wie in der Theaterkritik, ist ein breites Spektrum möglich, hier wie dort gibt es einige führende Köpfe und ansonsten Mitläufer. Ich finde es nur schade, daß es sich heute keine Zeitung mehr leisten will, nach dem Motto »Der Bessere soll gewinnen« zu kommentieren. Das wäre unter Seppl heute noch der Grundsatz. Sicher wollte Herberger immer gewinnen, war mit allen Wassern gewaschen. Aber ohne diese sportliche Grundeinstellung wäre seine Freundschaft mit Zebec, dem ungarischen Nationaltrainer, der die Niederlage zu erleiden hatte, nachdem er fünf Jahre lang gesiegt hatte, gar nicht vorstellbar gewesen. Auf dieser Basis. Und dieser Meinung, »Der Bessere soll gewinnen«, bin ich auch, deshalb kann ich auch leicht zum »Nestbeschmutzer« werden. Zum Beispiel war ich von den Brasilianern fasziniert, das möchte ich nicht missen. Unterschiede zwischen heute und damals. Sicher ist das Profitum einer, das große Geld.

Es gibt bei uns sehr oft Doubletten. Breitner/Rummenigge, oder früher Beckenbauer/Müller oder Kaltz/Hrubesch oder Netzer/Heynckes. Früher gab es sowohl Fritz Walter/Ottmar Walter wie Fritz Walter/Rahn, es war abwechslungsreicher. Heute gibt es mehr Wasserträger.

Ihr schönstes Spiel?

In letzter Zeit war es Köln/Nottingham.

Ihre Lieblingsmannschaften?

Es waren Kaiserslautern und Schalke. Ganz früher der HSV. Ich habe selbst einmal bei Holstein Kiel so angetippt, ganz unerheblich, mein Bruder wurde in dem Verein leidenschaftlicher Amateurfußballer.

Noch mal zurück zum Mannschaftsbus der Nationalmannschaft. Erinnern Sie sich noch an eine besondere Fahrt?

Nach der Niederlage in Paris, Jahr bitte nachsehen, Ergebnis war 1:3, das schlechteste Spiel, das Fritz Walter überhaupt je in der Nationalmannschaft gegeben hat. Wir saßen im Bus, das Spiel war aus, wir konnten nicht losfahren, die Pariser jubelnd und unsere Mannschaft durch die Scheiben auslachend, ich saß ganz deprimiert in der Ecke. Am meisten deprimiert aber war der Fritz. Das dauerte. Stille. Fünf Minuten lang ungefähr. Seppl ließ die Mannschaft in Ruhe, ließ sie in ihrer Scheiße sitzen. Eine ganze Zeit. Plötzlich sagte er: »Fritz! Sie sind doch der Kapitän! Wolle Se Ihre Männer net singe lasse?!« Und dann fingen die an zu singen »Hoch auf dem gelben Wagen«, ganz schüchtern, am Anfang dann alle zusammen, und plötzlich sahen die Pariser durch die Fenster des Busses: Die deutsche Mannschaft sang! Ich habe Seppl noch am Vorabend seines Todes sprechen können. Ich war völlig überrascht, es deutete nichts auf seinen Tod hin. Ich habe bei ihm Mittag gegessen, in Sachsen... Ich hatte in Mannheim zu spielen. »Der Macht der Gewohnheit« oder »Minetti«, einen Bernhard auf jeden Fall. Am nächsten Tag fuhr ich über Göttingen nach Berlin und erfuhr dann von meiner Tochter, daß er in der Nacht zuvor gestorben war.

Worüber sprachen Sie da?

Wir sprachen über Fritz, über seine Operation. Über seine Memoiren, die er vorhatte. Er machte seiner Frau Vorwürfe, daß die einen Fan nicht abgewimmelt hatte, einen begeisterten Fan aus Hamburg. Ein völlig sinnloser Besuch für ihn. Ach Gott, wenn man sich einen Vorwurf machen will: Ich war mit allem, was er Getränke-mäßig vorschlug, nicht zufrieden. Und er ist dann in den Keller gestiegen und hat noch einen Champagner heraufgeholt. Der Arzt war bei ihm. Doch da war nichts, was man befürchten mußte. Geistig war er voll da. Er hatte nur einen Wunsch, den ich auch habe: »Ich möchte nicht ins Krankenhaus.« Er ist dann doch dort gestorben. Aber ich konnte seine Angst vor dem Krankenhaus gut verstehen.

(Das Gespräch führte Matthias Matussek)

ROLAND ZORN

Tiefenschärfe

Einmal wollte sich die Sportredaktion des Zweiten Deutschen Fernsehens besonders geschickt anstellen: Sie suchte sich die Meisterfeier des FC Bayern heraus, stellte dort ihre Kameras auf und fragte den Trainer vor Millionen von Zuschauern, auf dessen gelockerte Stimmung spekulierend, ob er denn nun nach einigen Absagen endlich einmal als Gast ins AKTUELLE SPORTSTUDIO komme. »Wir kommen schon noch zu Ihnen«, sagte Pal Csernai gönnerhaft unverbindlich. Ausgerechnet er, der ungarische Trainer des FC Bayern, wahrlich einer der Eitlen im Lande, erteilt dem der Eitelkeit so vieler schmeichelnden Medium eine Absage nach der anderen. Was immer Csernais Gründe sein mögen, es bedeutet schon allerhand, wenn einer von seinem Recht Gebrauch macht, sich der öffentlich-rechtlichen Verfügbarkeit zu entziehen, im Zeitalter des Fernsehfußballs nicht stets zu Diensten zu sein.

Samstag für Samstag sind die Kameras in den Bundesligastadien nahezu überall dabei, erfüllen chronistische Pflicht. SPORTSCHAU in der ARD, SPORTSTUDIO im ZDF, Regionalprogramme – dem Zuschauer entgeht bei fleißigem Hin- und Herschalten kaum ein Treffer. Neun Spiele der obersten Klasse werden dem Fan zu Heimspielen. Das Fernsehen macht es möglich. Und am späteren Abend – quasi als Partygäste – schauen die Stars und Sternchen des Tages eben einmal bei Dieter Kürten oder Harry Valerien herein. Kein Wunder, daß bei diesem kompakten Angebot immer mehr Fußball-Anhänger Kosten und Mühen, Wind und Wetter scheuen, um die Spiele live zu erleben. Die Unermüdlichkeit, mit der das Fernsehen am Ball bleibt, die sogenannten Highlights der Begegnungen mundgerecht aufbereitet, wohlfeil portioniert und anschaulich zusammengeschnitten serviert, hält die Fans geradezu davon ab, auf den Fußballplatz zu gehen. Arrangement ist scheinbar alles. Wer nicht dort gewesen ist, kann doch sagen, daß er dabeigewesen ist. Mittelbare Teilnahme reicht allemal, um am Stamm- oder Bürotisch mitreden zu können.

Die Crux für die Vereine liegt auf der Hand: Fußball ist zu einem Zweisparten-Theater geworden. Die einen gehen hin, den anderen genügt die Konserve, wobei die Rand-Beobachter, die diesen Sport nur noch als inszenierte TV-Unterhaltung kennen und konsumieren, immer mehr werden.

Dürfte das Fernsehen, wie in England, wo erst um 22 Uhr gerade einmal Ausschnitte von höchstens zwei Ligaspielen gesendet werden, nicht mehr so viel und so früh, so aktuell berichten, wer weiß, ob sich die Stadien nicht wieder füllen würden. Viele, die es wohl ab und zu reizen würde, mal wieder live dabeizusein, gehen nicht zu den Spielen, weil sie mangels geeigneter und zügiger Abfahrtsmöglichkeiten nicht rechtzeitig zur Sportschau daheim sein können.

Das Fernsehen lohnt seinen Anhängern die Treue denkbar schlecht. Wenn in der SPORTSCHAU die Moderatoren voller Stolz »Länge der Aufzeichnung 8½ Minuten« ankündigen oder Reporter besserwisserisch »und Achtung« tönen, weil

Pepsch

gleich darauf ein Tor zu sehen ist, dann verrät das, in wie großem Maße der Fußball im Fernsehen – Live-Übertragungen einmal ausgeklammert – ein gestyltes, getrimmtes, kalkuliertes und manipuliertes Schauspiel ist, das mit zwar authentischen Bildern nur sterile Teilauthentizität herstellt. Das Fernsehen versäumt mangels Phantasie eine Fülle von Gelegenheiten, den Reiz des Fußballs genauer auszuleuchten, zu vermitteln. Nahezu unverwandt sind die Kameraobjektive vor allem der ARD während der Übertragungen auf Ball und Kicker gerichtet. Was sich in den Gesichtern von Spielern und Trainern oder gar auf den Rängen abspielt, sieht man selten, hört man nur als kollektiven Tonbrei. Dabei böte gerade das zugegeben schwerer einzufangende Wechselspiel aus Spielszene und Reaktion eine Chance, die zweite Dimension des Fußballs zu zeigen, die der Sentimentalität, des Gemeinschaftserlebnisses, der Identifikation mit einem Club. Fußballplätze als Orte romantischer Zuneigung zu Spielern und Verein, als Stätte hemmungsloser Emotion, das will man sehen – und nicht nur als eine verschwommene Totale fahnenschwenkender Fans.
Ich kann mich an ein denkwürdiges Spiel zwischen Arminia Bielefeld und 1860 München erinnern, wo es dem ZDF gelungen ist, das Innenleben einer Fußballarena, dieses ganze Drum und Dran aufzuspüren. Da hatten die Arminen in den letzten Minuten aus einem 1:2-Rückstand noch einen 3:2-Sieg gezaubert. Und dann fand Theater statt – auch auf dem Bildschirm: unbeschreiblicher Trubel und Jubel, Freudentaumel, ineinander verknäuelte Spieler und Anhänger der Arminia, ein auf dem Rasen wie von Sinnen tanzender Trainer, geschlagene, zutiefst deprimierte Münchner, Bilder von Glück und Leid. Diese Illustration von Fußball als Her-

zenssache dokumentierte auf mitreißende Art und Weise, was dieser Sport immer auch gewesen ist. Wenn man trotz aller Verkürzung und Beschneidung die atmosphärische Dichte eines Fußballspiels, das Ereignis im Ereignis noch vor dem Bildschirm miterleben kann, bekommt man Appetit auf das Original solchen Spektakels.

Protokollarische Spielabrisse informieren ohne Zweifel. Sie können sogar unterhalten, wenn sie nicht zur bloßen Statistik gefroren sind. Doch das Pathos eines Spiels, seinen Prickel, seinen Ernst, seine Seele vermitteln sie nicht.

Es bedarf der Psychogramme, der Wucht beiläufig eingestreuter Bilder von Freude und Elend. Es genügt nicht, das Funktionieren der Stars auf dem Rasen zu sehen. Der Fan will sich auch selbst als Beteiligten eines Schauspiels wiedererkennen. Mut zur Tiefenschärfe könnte Breitenwirkung haben und den Sog in die Stadien wieder verstärken.

BERND SCHROEDER

Die Pfarrerwiese

Das Dorf ist noch städtischer geworden, seit ich das letzte Mal hier war. Selbst mein Vater kennt nicht mehr alle, die hier wohnen; meine Mutter kannte sie nie. Weil wir über uns nicht mehr reden, halten wir uns mit umstrittenen Erinnerungen auf, nennen Namen und haken sie im Gedächtnis ab.

Mein erstes Klassenfoto erinnert mich an Schiefertafeln und mühsam hingemalte Spazierstöcke, an einen öligen Holzboden und an den Lehrer Geißreiter, von dem sie sagten, daß er gehen mußte, weil er mit der Zeit ging. Die Spazierstöcke wurden irgendwann »El« genannt, hatten Sinn und verloren ihren Reiz. Viele kleine, freche oder verzweifelte Gesichter, kurze Hosen, kaputte Knie, viel aus Amijacken Geschneidertes, militärische Haarschnitte der Jungs, Rollen und Zöpfe der Mädchen und der Lehrer, eine dürre, blasse, kranke Figur. Neben mir steht Franz, klein, barfuß und muksch.

»Der Franz hat sich ja noch ganz ordentlich gemacht«, sagt meine Mutter mit dieser Mischung aus Verachtung und Neid, die sie allem ihr immer versagt gebliebenen Wohlstand entgegenbringt. »Wenn man bedenkt, wie dumm er doch war«, fährt sie fort. Wir schweigen, denn wir gehen mit Worten kaum mehr miteinander um. Das Haar meines Vaters ist weißer, das Klavierspiel meiner Mutter härter, mein Elternhaus kleiner geworden. Die Türen werden immer niedriger.

Er sei jetzt an einem Koreaner dran, der schon bei WACKER probeweise trainiert habe. Mit dem verstärke er jetzt den Sturm, denn da fielen nun einmal zu wenige Tore, da gehe es nicht voran. Hinten sei der SV für die A-Klasse reif, aber vorne, naja, wie gesagt. Aus der C-Klasse rauskommen, das lasse er sich sogar privat etwas kosten, der Verein sei nun mal er und er der Verein und überhaupt, wenn schon einen Ausländer, dann einen, der wirklich ein Ausländer sei. Aus dieser Knoblauchliga müsse man raus. Unter Türken, Jugoslawen, Griechen und Italienern, da kämen sich schon die Schiedsrichter wie im Urlaub vor: ich nixe verstehn, ich nixe faul – er nix verstehn, aber in Ampermoching geboren, verstehst. Da pfeife keiner mehr einen Elfmeter, ohne ein Messer im Bauch. Jetzt sei er mit seiner Erster-Vorsitzender-Ehre dran, sagt Franz, erster Vorsitzender des SV.
Mein Mansardenzimmer hat sich in den ganzen Jahren nicht mehr verändert. Hier konserviert meine Mutter eine verklärte Erinnerung an mich, in der es noch Hoffnungen gab, wo sie heute keine mehr sieht. Da hängen die Kinderzeichnungen, die in Mutters Kunstbeflissenheit Erwartungen nährten. Da verstaubt die Geige, deren eine Saite fehlt, die letzte der vielen, die ich damals mutwillig zerstörte. Da spendet die Lampe mit dem angesengten Plastiktütchen müdes Licht und riecht. Ich mache mich über die Bücher auf dem mit zwei Stricken befestigten Bücherbord her.

Die Bücher der Jugend: zerlesen, zerfetzt, mit Tesafilm geklebt, der schon längst nicht mehr seine Pflicht erfüllt.
WM 62.
Goethes Gedichte.
Logarithmentafel.
De Bello Gallico.
Fabian.
Armin Hary: 10,0.
Winnetou I und II.
WM 66.
Lampioon küßt Birken und kleine Mädchen.
WM 58.
Kitsch, Konvention und Kunst.
Die Olympischen Spiele von Rom 60.
Der Shut.
Der 35. Mai.
WM 54.
Aus WM 54 fällt mir ein Autogramm von Fritz Walter entgegen. Ich blättere und eine Szene fällt mir ein.
Mein Bruder, mein Vater und ich sitzen vor dem Loewe Opta mit dem faszinierenden grünen Auge, gespannt, aufgeregt, mit roten Ohren. Helmut Rahn schießt das dritte Tor. »Sieg, Sieg, Sieg, das ist der Sieg!« schreit mein Vater. Ich erschrecke, denn ich habe diesen Mann, den ich seit ein paar Monaten kenne, nie schreien hören. Leise war er ins Haus gekommen, bleich, matt, dünn und fast tot. »Das ist euer Vater«, hatte die Mutter gesagt. Und jetzt schreit er, springt auf und dreht den Apparat lauter. Dann ist das Spiel aus. Gewonnen. »Wir sind Weltmeister, wir sind Weltmeister!« schreit der Mann, der vor ein paar Monaten aus der russischen Gefangenschaft zurückgekommen ist und jetzt als

mein Vater gilt. Er hat sein Deutschland wieder, das sie ihm weggenommen haben. Ich stecke das Autogramm von Fritz Walter ein und gehe ans Fenster. Da hinter den Büschen, über den Graben rüber, da liegt die Pfarrerwiese. Ich denke daran, daß mein Vater nie mehr später auch nur ein einziges Wort über Fußball verloren hat. Es hat ihn nie interessiert.

»Kannst du dich noch an die Pfarrerwiese erinnern«, frage ich Franz, während er mir die neuen, großen Lagerhallen seines Getränkegroßmarktes zeigt. 45 Angestellte hat er jetzt und zehn Fahrzeuge und ein Büro mit Ledersesseln und einen Bungalow und eine Frau und zwei Kinder und einen BMW.

»Und da hab ich nicht studieren müssen, da dafür.«

Er habe jetzt alles erreicht, stehe ansehnlich da, habe sie alle eines Besseren belehrt, sei sogar im Gemeinderat, lasse seine Kinder aufs Gymnasium gehen und Reitunterricht nehmen, mache sich selber die Hände nicht dreckig, habe aber alles im Griff, sei nicht gegen den Großflughafen, gehe schließlich mit der Zeit, denke an die Zukunft, gehe einen geraden Weg und nur manchmal, wenn er verreise, fremd oder ins Puff.

»Auf der Pfarrerwiese, weißt dus noch, da fing es an«, sage ich. Wir sitzen in seinem Büro. Hier stehen die Pokale des SV, weil das Vereinsheim umgebaut wird. Ein Plastikfußball öffnet sich auf Knopfdruck und bietet Zigaretten an. Ein Wagen voller Getränke verläßt den von hier überschaubaren Hof. »Der Schorsch, unser Torwart, der fährt dreimal die Woche in die Hallertau.«

Wir haben, so scheint es, alles gesagt und sind im Begriffe, bei den ersten Sätzen wieder zu beginnen. Noch einmal

Pepsch

werfe ich die Pfarrerwiese ins Gespräch. »Die gibts nicht mehr lang. Wenn wir im nächsten Jahr die Dorfstraße begradigen, fällt sie faktisch fast ganz weg.«

Faktisch sagt er oft, der Franz. Fast alles ist faktisch.

Wir waren, was man heute Sandkastenfreunde nennt. Unser Sandkasten war groß: das Dorf, die Felder, die Wiesen, das Moos, der Wald, die nahe Autobahn, wo wir Zigarettenkippen sammelten, die von den Amis weggeworfen wurden. Franz und sein Zuhause, das war der Umgang, den ich in dem Maße genoß, in welchem ihn meine Mutter zu unterbinden versuchte. Der Franz und ich, wir haben unsere erste heimliche Bierflasche miteinander geleert und unsere Geschlechtsreife gemeinsam entdeckt. Und als mir meine Mutter eines Tages erzählte, daß es leider wohl auch bei mir eine Sache geben werde, die Männer eben bräuchten und Frauen über sich ergehen lassen müßten, da hatten wir längst zugesehen, wie die Mutter vom Franz sehr wohl Spaß gehabt hat, bei der Sache mit dem Vater vom Franz.

Ich ziehe, nach ich weiß nicht wieviel Jahren, wieder einmal Fußballstiefel an. Franz und ich spielen mit den Gemeinderäten der Dörfer gegen die Stadträte der Kreisstadt in einem Benefizspiel. Dicke Bäuche stoppen klatschend den Ball, hagere Männerbeine, schneeweiß, verheddern sich, schwitzende Glatzen werden zornigen Freistößen entgegengehalten, Hosen rutschen, Trikots zerreißen, Gemüter erhitzen sich, Konditionen halten nicht stand, Honoratioren beißen ins Gras, und mancher Ehrgeiz gibt sich der Lächerlichkeit preis.

Franz tummelt sich in seinem Element. Er will mich an seiner Freude teilhaben lassen, sucht mich auf dem Flügel, auf dem ich mich zu verstecken versuche, gibt mir Pässe, die

ich verpasse, wartet vergeblich auf Flanken, läuft umsonst in zufällige Gassen, holt sich schließlich selbst die Bälle, spielt sie alle aus. Die Zuschauer sind wegen einer Schlagersängerin gekommen, die den Anstoß vollzogen hat. Jetzt stiehlt ihr der Franz die Schau, schießt Tor um Tor.
Ich lasse mich auswechseln und lecke meine Wunden. Elfmeter. Franz wird ihn vollstrecken, wer sonst? Er hält den Ball in der Hand, schaut sich um, scheint ratlos, bückt sich, findet endlich auf diesem kreisstädtischen Renommierrasen ein Steinchen, legt es unter den Ball, läuft an, schießt. Tor!
Die Pfarrerwiese ist mir noch heute so vertraut wie das Haupt meines Vaters, wenn es sich über das Kreuzworträtsel beugt. Der Stahlhelm, so hieß es, habe den Vater der Haare beraubt. Wo bei meinem Vater der buschige hintere Haarkranz ist, war bei der Pfarrerwiese das hohe, von Brennesseln durchwachsene Gras. Da wäre die Mittellinie gewesen, hätte die Wiese für ein ganzes Spielfeld gereicht. Wo die Haare schütter werden, um der braungegerbten Halbglatze Platz zu machen, sieht man seit ich denken kann eine meist blutige, verkrustete Beule. Sie ist nie verheilt, weil mein Vater größer ist als unsere Tür zur Kellertreppe hoch, und weil mein Vater diese Kellertreppe ein dutzend Mal am Tag hinunter geht, um sich ein Bier zu holen und mein Vater sich mit jeder Flasche Bier, die er trinkt, größer wähnt als er ist. An dieser Stelle begann unser Sechzehnmeterraum. Da wuchs kein Gras mehr. Von da bis zum einzigen Tor ging es langsam bergab. Wir kamen mit unseren Angriffen drohend, von oben, auf unsere Torwarte zu.
Wo es bei meinem Vater jäh über eine hohe Stirn zu den buschigen Augenbrauen hinuntergeht, war bei der Pfarrerwiese ein Graben, direkt hinter dem Tor. Unsere Torwarte,

meist Jungen, die nur mitspielen durften, wenn sie ins Tor gingen, waren gedemütigte Torwarte, denn Bälle, die sie nicht hielten, mußten sie aus dem Graben holen.
Wo bei uns der Elfmeterpunkt war, blieb kein Ball von selbst liegen. Man mußte ein Steinchen unter den Ball legen, wenn man einen Elfer schoß.

Als ich mit meinem Vater durchs Dorf gehe, kommen wir am Fußballplatz des SV vorbei. Am Vereinsheim steht ein Gerüst, es wird gebaut. Der Platz ist adrett, in tadellosem Zustand. Sogar Flutlicht und Sitzplätze und eine Bande mit Werbung gibt es hier: Kreissparkasse – Brauerei – Franz-Lammert-Limonaden. Ein paar Jungen, die auf dem Trainingsplatz kicken, haben Stutzen und Trikots an, mit Nummern hinten drauf. Ein Ball gerät ihnen ins Aus, fliegt zu mir herüber, kommt auf mich zu, packt meinen Ehrgeiz, wird von meinem ungeeignet beschuhten rechten Fuß verpaßt, springt auf und landet im Graben. Ich eile, stolpere, hole den Ball, lege ihn mir zurecht, schlage eine Flanke unmittelbar vors Tor, wo sie einer der Jungs lässig mit dem Kopf ins lange Eck plaziert. Der Ball ist weiß und rot wie die Bälle im Fernsehen, und es packt mich ein ungeheures Verlangen nach ihm. Wir gehen weiter und mein Vater erzählt zum wiederholten Male von der außergewöhnlichen Karriere meines Bruders im Versicherungswesen. Ich höre geduldig zu und weiß, daß er eigentlich von meinem in seinen Augen außergewöhnlichen Versagen in beruflichen Dingen reden will. Er traut sich das schon seit längerer Zeit nicht mehr, denn ich habe schon vor Jahren angefangen, mich zu wehren. Ich sage ihm, daß ich mir in allen meinen Träumen nur eine Karriere vorstellen hätte können, die eines Fußballprofis, denn alles andere habe für mich keinen Glanz. Er schweigt und weiß sich im Recht. Bis zum Haus der Eltern reden wir nichts mehr.

Auf der einen Seite der Pfarrerwiese gab es einen Zaun zum Garten des Pfarrers, der eine absolute Tabuzone war, denn wer da rüberschoß, mußte bei der mürrischen Pfarrerköchin den Ball zurückerbetteln, was als demütigend galt. Auf der anderen Seite war die Dorfstraße. Vom Zaun, der sie und die Wiese trennt, waren immer ein paar Latten abgeschossen, wie diese weißen Röhrchen in einer Schießbude. Den Zaun bespielten wir als Bande, er war Mitspieler und Gegner zugleich, denn bei uns gab es kein Aus.

Mit zwei Stöcken als Torpfosten hatte der Spielbetrieb anfangs der Fünfzigerjahre begonnen. Erst durfte ich nicht mitspielen, dann besaß ich einen Ball, zeitweilig den einzigen, und ich stand nun schon zumindest im Tor. Als ich schließlich der Freund von Franz wurde und ihn regelmäßig an meinem Taschengeld teilhaben ließ, durfte ich Feldspieler werden. Eines Tages gab es eine Querlatte, später sogar ein Netz. Jetzt konnte man die Kleinen im Tor austricksen, ihnen die Bälle über den Kopf heben und im Netz zappeln lassen.

Im Sommer spielten wir barfuß, im Winter mit Gummistiefeln. Bei Regen zerrten wir schwere, vom Wasser durchtränkte Bälle über die Wiese, die, wagten wir einen Kopfball, uns von den Beinen rissen; aber Schwierigkeitsgrade waren gefragt, und es gab beinahe keinen Grund, nicht zu spielen. Wir nutzten sogar die Halbzeitpausen der Länderspiele, schossen beflügelt ein paar Tore, während im Stadion die Militärkapellen marschierten. Als einer mit dem ersten

Transistorradio kam, kopierten wir unsere Vorbilder live. Die Pfarrerwiese war eine andere Welt und an vielem in meinem Leben schuld. Wegen ihr hab ich frühe Bildung, die meine Mutter mir zugedachte, versäumt, blieb auf der verhaßten Geige, dem Folterinstrument meiner Jugend, in Kläglichkeit stecken und entdeckte nie die Faszination, die meine Mutter den Leseringbestsellern in ihrem Bücherschrank zuschrieb.

Hier auf der Pfarrerwiese, neben Franz, fand das Leben statt, von dem man sagte, daß es das Leben sei: das Leben mit den Siegen und Niederlagen, mit den Belohnungen für Fleiß und Ausdauer, dieses Leben voller Kampf und Ehrgeiz, Triumph und heilsamer Konkurrenz. Die Tore, die ich hier schoß, wenn mir Franz den Ball zuschob, waren mehr als Lateinvokabeln und Schulaufsätze. Wie Franz, nicht wie mein Bruder wollte ich sein.

Als ich nach einem halbjährigen Internatsaufenthalt zurückkehrte, jenem kläglichen Versuch, unter Großbürgersöhnen ein anderer zu werden, hatte die Pfarrerwiese ausgedient. Man hatte den SV gegründet, der während der Kriegsjahre mangels Spielerpotenz eingegangen war. Die Namen der Vorkriegskicker standen jetzt auf dem Kriegerdenkmal. Den alten Funktionären war nun eine hoffnungsvolle Nachkriegsgeneration herangewachsen, genügend Motivation, mit alten Traditionen neu zu beginnen. Schon rückten die ersten jungen Männer in die neuen alten Kasernen ein, da war es auch hier an der Zeit, der Toten mit neuen Taten zu gedenken. Ehemalige Ortsgruppenleiter wurden Vereinsvorsitzende, Heimatvertriebene integrierten sich als Kassierer und Schriftführer und sogar mein um seine Jugend gebrachter Vater bekam feuchte Augen, als er sie zur Gründung des

SV mit Fahnen und Marschmusik durch den Ort schreiten sah.
Mein ballspielerisches Unvermögen, das sich auch mir im Glanz und Schatten des Freundes verborgen hatte, trat jetzt vor den kritischen Augen eines Jugendtrainers offen zutage. Es reichte für die kommenden Aufgaben nicht aus. Ich wurde stummes Mitglied, allsonntäglicher Bewunderer von Franz, denn der war der absolute Star. Kaum 18 geworden, spielte er in der ersten Mannschaft, schoß diese eine Klasse höher, war bewundert und gefürchtet und wurde von den grobschlächtigen Vorstoppern der umliegenden Vereine gejagt.
Bei einem Turnier zum 50. Jubiläum des SV waren die gefürchteten Einkäufer aufgetaucht, hatten Franz beobachtet und zu 1860 ins Probetraining geladen. Der Vater von Franz, gerade zweiter Vorsitzender geworden, tobte, denn ein Lammert, so hatte es sich in seinem Kopf festgefressen, spielt beim SV und sonst nirgendwo.
Längst hatte Franz seine Mechanikerlehre abgebrochen, war ins elterliche Limonadengeschäft eingestiegen, fuhr mit dem damals einzigen Wagen die Getränke über die Dörfer, schwängerte Erna, die Tochter eines Sudetendeutschen, der Zeugwart beim SV war, heiratete, baute an das Haus der Eltern an und war mit seinem Leben zufrieden. Daß da jetzt plötzlich ein Lichtstrahl dünn und unsicher aus diesem geordneten Leben herausführen könnte, das war auch Franz nicht geheuer. Wie es der Vater gesagt hatte, so bestätigte es sich schließlich: ein Lammert spielt beim SV und sonst nirgendwo.
Er spielte nur ein paar Jahre. Bald hatten ihn die Vorstopper, hinter denen sich die Hufschmiede der Dörfer verbar-

gen, erlegt, den schnellen Hasen. Meniskusoperation und verschiedene Brüche machten der kleinen großen Karriere ein Ende. Jetzt ist der Franz Star unter den Möchtegernkikkern, mit denen er getreulich seinen Wohlstand politisch hegt und pflegt. Sein Talent bewahrt ihn davor, ausgelacht zu werden, aber daß sie ihn belächeln, weil er so sein will wie sie und es nie sein wird, bleibt ihm verborgen. Der Franz macht mit seinem Lebensweg, was er mit der Dorfstraße vorhat: er begradigt ihn. Das führt ihn und die seinen schneller, direkter, geradliniger in die Zukunft. Aber es kostet Pfarrerwiesen.

Ehe ich das Dorf wieder verlasse, fahre ich, die Mahnungen der Mutter abschüttelnd, bei der Pfarrerwiese vorbei. Wer weiß, ob ich sie noch einmal sehe. Ein paar Kinder, die jüngsten der Türken, die im alten Schulhaus wohnen, spielen Fußball. Sie sind seit ein paar Jahren hier. Die Väter arbeiten beim Franz in der Abfüllerei, die Mütter und älteren Schwestern in der Küche der neugebauten Autobahnraststätte. Die Kinder spielen barfuß, haben ein Tor durch zwei Stöcke markiert. Ein Kleiner steht sehr ernsthaft im Tor. Ein Großer legt sich auf dem Elfmeterpunkt den Ball zurecht. Er legt ein Steinchen unter das Leder, läuft an, schießt. Tor. Der Kleine verschwindet fast ganz im Graben, als er den Ball holt.

Ich denke unterwegs darüber nach, daß ich eigentlich für nichts in meinem Leben so viel Zeit geopfert habe wie für das Fußballspielen. Und ich habe damit nichts erreicht. Nichts.

FRANZ BECKENBAUER

Abenteuer Amerika

Nie werde ich diesen ersten Spieltag in Amerika vergessen. Es war im Mai 1977. Am Samstag spielte ich mein letztes Bundesligaspiel mit dem FC Bayern bei Gladbach. Am Sonntag flog ich nach New York und am Mittwoch spielte ich mit Cosmos mein erstes Spiel – bei den Tampa Bay Rowdies.

Ich hatte zweimal mit der Mannschaft trainiert und hab dabei schon gemerkt, das ist hier alles ganz anders als daheim. Da hat jeder gemacht, was er wollte. Wenn er nichts machen wollte, dann machte er halt nichts. Da haben die einen ein bißl aufs Tor geschossen, die anderen haben locker herumgescheibelt. Wald- und Wiesenfußball, hab ich mir gedacht. Über den Gegner oder das Stadion oder den Rasen oder irgendeine Taktik wurde nicht geredet, nur über Bars und Restaurants und Strände. Nicht das bevorstehende Spiel war im Gespräch, nicht der Beruf, den wir hatten, sondern die Freizeit, das Vergnügen nach dem Spiel.

Eine Mannschaft mit Spielern aus 14 Nationen (die Reservespieler miteingerechnet), mit Engländern, die ein Steilspiel bevorzugten, mit Südamerikanern, die das flache Spiel mit dem Ball am Fuß liebten. Lauter Individualisten und kaum einer verstand den anderen. Ein bißchen Zeichensprache und viele Mißverständnisse. Meingott, Franz, wo bist du hingekommen, hab ich mich gefragt. Es kam noch verrückter.

Im Flugzeug, im Hotel bei der Zimmerverteilung, beim Essen, am Abend vor dem Spiel, im Bus auf der Fahrt ins Stadion – alles war neu für mich, anders, fremd. Jeder machte, was er für richtig hielt. Wer ein Einzelzimmer wollte, der nahm ein Einzelzimmer, wer keinen Hunger hatte, der aß nichts, wer ein Steak wollte, der aß ein Steak und jeder saß am Abend so lange an der Bar, wie er Lust dazu hatte.

In einem deutschen Verein, wie dem FC Bayern, ist das alles organisiert, geregelt, vorprogrammiert. Da nimmt einem die Organisation alles ab, das geht bis zum Platz im Mannschaftsbus, der meistens immer derselbe neben demselben Mann ist. Das ist schon aus Aberglauben so.

Als wir bei den Tampas ins Stadion fuhren, da hatten die meisten Spieler im Bus gar keinen Platz, weil da Journalisten, Fans, Betreuer, was weiß ich was alles im Bus war. Das war die totale Gaudi, ein völliges Durcheinander. Ich hab gemeint, ich bin jetzt verrückt geworden. Plötzlich wurde Musik gemacht, gesungen, getrommelt, gepfiffen – und das alles bei Bruthitze von 45 Grad in einem völlig überfüllten Bus. Irgendwie, ich hab schon gar nicht mehr alles wahrgenommen, kamen wir ins Stadion. Da ging der Zirkus weiter.

Da muß man was erklären. Die Amerikaner haben ja 10 oder 15 Profisportarten, und da kommt Fußball weit hinten – nach Football, Baseball, Golf, Hockey und anderen. Für die Leute, die zu Fußballspielen kommen, ist das ein Volksfest, ein Familienausflug. Es kommen nicht wie bei uns nur die Männer; nein, es kommt die ganze Familie und das

schon mittags. Da holt man auf dem Parkplatz vor dem Stadion den Campingkocher aus dem Auto und kocht und grillt und ißt und trinkt. Und irgendwann geht es dann los. Aber es ist für den Amerikaner nie der Ernst dabei wie für den Deutschen. Es ist Show, Freizeitspaß, Spektakel.
Bei meinem ersten Spiel, bei der namentlichen Aufrufung bin ich ins Stadion eingelaufen wie ein Träumender. Es kommentierte einer über Lautsprecher das Geschehen, später auch das Spiel, damit die Leute begriffen, was passierte. Da saßen 45 000 Leute mit bunten Luftballons, die sie beim Anpfiff in die Luft ließen. Und eine Orgel spielte, und Maskierte liefen herum und heizten das Publikum an. Da war eine Massenbegeisterung, wie ich sie nicht einmal in Spanien oder Italien erlebt habe. Und wir spielten einen Fußball, wie ich ihn bis dahin noch nie gespielt hatte. 11 Einzelkönner gegen 11 Einzelkönner. Das ging ungefähr so:
Vor dem Spiel hatte der Trainer schon mal zu einem Verteidiger gesagt, du spielst gegen den und den. Und anfangs sah es auch so aus, als hätte der das kapiert. Als aber dann der gegnerische Stürmer längst die Seite gewechselt und bereits drei Tore geschossen hatte, da spielte unser Verteidiger immer noch brav auf seinem Posten. Wahrscheinlich spielt er da heute noch. Also Verständigung gleich null. Jetzt bin ich ja nun wirklich ein leidenschaftlicher Fußballer. Und da war mein erster Konflikt. Um mich herum spielten sie Standfußball. Jeder wartete auf den Ball, spielte ein zwei Leute aus und verlor den Ball wieder. Kein Aufbau, kein Zusammenspiel. Ich hab's also versucht, von hinten raus in die Tiefe zu spielen und mitzulaufen, um den Ball wieder zu kriegen. Da laufe ich heute noch nach den Bällen.
Das ist bei den Spielern keine Absicht. Das ist ihre Art. Jeder

ist ein Solist und will nichts anderes sein. Drum ist der Ausdruck »Operettenliga« für damals ganz richtig gewesen. Heute hat sich dort schon vieles geändert. Es gibt jetzt auch im Amerikanischen Fußball so was wie eine Disziplin. Die ganz Wilden haben sie halt wieder abgeschoben und in den letzten Jahren viele Leute aus Europa gekauft, die man zu den Spitzenfußballern zählen kann. Aber damals – und vor allem für mich bei meinem ersten Spiel, war das absolut wahnwitzig. Das ging ja nach dem Spiel noch weiter!
Wir waren also in der Kabine beim Duschen, plötzlich brechen 50 Reporter und Reporterinnen, Fotografen und Fotografinnen rein, reden, fragen, fotografieren, während wir nackt herumstehen. Das macht zwar nichts, aber es ist einfach was, was in Europa unmöglich wäre, und ich hab's erst überhaupt nicht kapiert, bis mich einer darüber aufgeklärt hat, daß das in Amerika so üblich ist, daß Journalisten 15 Minuten nach dem Schlußpfiff in die Kabine kommen.

Als ich einen Tag später in New York aus einem langen Erholungsschlaf aufwachte, kamen mir die ganzen Bilder wieder und ich dachte mir, nein, Franz, das hast du nicht erlebt, das gibt's nicht, das hast du alles geträumt. Erst langsam hab ich das alles kapiert.
Wenn ich heute, wo ich wieder hier bin, was ich mir ja erst recht niemals vorstellen hab können, über die Amerikazeit nachdenke, dann hab ich eines ganz sicher gelernt:
ich nehme den Fußball nicht mehr so ernst. Ich hab mir früher nicht vorstellen können, daß es neben dem Fußball etwas Wichtigeres geben könnte – Politik, Wirtschaft, oder sowas. In Deutschland nehmen alle, ob das Spieler, Funktionäre oder Journalisten sind, den Fußball sehr sehr ernst. Sie

tun so, als ginge es ohne Fußball im Leben nicht weiter. Wie gesagt, ich war auch so, früher. Doch das hat sich durch die dreieinhalb Jahre Amerika geändert. Fußball hat bei mir nicht mehr den Stellenwert, den er mal gehabt hat. Das ist für meine Zukunft sicher ganz gut so.

MAX VON DER GRÜN

Rückgabenpaul e.V.

Als der Breitner in der 54. Minute diese Rückgabe losschickte im Hamburger Volksparkstadion, die dann auch prompt zum Zweinull für den HSV führte, war ich schreckensbleich geworden und ich schrie: Affenpaul! Hat dich eigentlich ein Pferd getreten?! Wie ein Schüler, der auf der Straße anfängt zu begreifen, daß in einem Ball Luft ist, sah er aus, der Breitner. Ich tobte, ich fluchte, ich habe selten einen Fußballer so unflätig beschimpft wie diesen Breitner. Was Breitner sich in der 54. Minute leistete, das konnte man nicht, das durfte man nicht verzeihen.

Aber dann, dann legte er los, dann war er wütend, er schämte sich vor der Nation, jetzt wollte er es zeigen, schickte den Karl-Heinz auf die Reise, der haute dann auch den Ball in den Kasten und Paule wurde immer kecker, manchmal hielt er auch Ausschau, wo der Beckenbauer abgeblieben war, aber der Franz spielte an diesem Tag ein anderes Match, Franz wollte seinem ehemaligen Teamgefährten nicht in die Quere kommen. Und wie aus heiterem Himmel, knallte Paule dann doch noch sein Tor in den HSV-Kasten. Ich war versöhnt, die Welt war halbwegs wieder in Ordnung gekommen. Wollen mal so sagen: Ich war zufrieden, weil wenigstens noch ein Zweizwei herausgekommen ist.

Aber dann, als ich mir die fünfte Flasche Bier hinuntergurgelte, begann ich, die Möglichkeiten durchzurechnen, und das war dann doch nicht so zufriedenstellend, wie man nach dem Zweizwei annehmen durfte. Nein. Hätte nämlich der Paule nicht diese geniale Rückgabe losgelassen, dann hätte es für die Bayern Zweieins gestanden am Ende und zwei Punkte wären mit nach München gereist. Andererseits, hätte er diese Rückgabe nicht fabriziert, wäre er nicht zu dieser Form aufgelaufen, das Unentschieden zu erzwingen. Also hätte er diese Rückgabe nicht zu machen brauchen, nicht zur Topform auflaufen brauchen aus Trotz, denn der Karl-Heinz hätte sein Tor sowieso gemacht und dann hätte es eben Einszueins gestanden, was tut das schon, ein Unentschieden ist ein Unentschieden, gleich, wieviele Tore gefallen sind, wenn es nicht gerade im Europacup ist. Paule hat somit nicht mit dem Kopf gespielt sondern wie ein Anfänger mit den Beinen, denn hätte er vorher mit dem Kopf gerechnet, dann hätte er sich sagen müssen: Keine Rückgabe, dann haben wir das Einseins im Sack oder aber gleich auf Trotz spielen, dann wäre das Zweieins fällig gewesen und der FC deutscher Meister geworden, aber so werden sie die ungeliebten Zweiten bleiben, und das alles nur, weil der Paul nicht mit dem Kopf, sondern mit den Beinen gespielt hat. So sieht das aus. Ich hatte immer geglaubt, Paule wäre ein Rechner, aber das ist er nicht gewesen, er war nur ein Treter zum Zweizwei.

Hätte also der Paule diese Rückgabe nicht gegeben, den Karl-Heinz gleich auf die Reise geschickt und wäre anschließend zur Topform aufgelaufen und hätte sein Tor geschossen, dann wäre das Zweieins gelaufen, aber er mußte erst seine Rückgabe geben, die für den Gegner eine Traumvorla-

Pepsch

ge wurde, eine wunderschöne dazu, deswegen haben wir hier in meinem Vorort eine Interessengemeinschaft gegründet, die »Rückgabenpaul e. V.« heißt. Der Verein hat auf seiner ersten Sitzung beschlossen: Bei jedem Auswärtsspiel der Bayern muß Paule in der zweiten Minute jene geniale Rückgabe schlagen, wie in der 54. Minute in Hamburg, denn dann ist die Gewähr dafür gegeben, daß Paule und damit die ganze Mannschaft zur Topform aufläuft. Dieser Vorschlag von mir wurde einstimmig angenommen. Gegen diesen Beschluß gibt es keine Einspruchsmöglichkeit, der Rechtsweg ist ausgeschlossen.

PETER BEHLE

Herr Eintracht und sein Hund Kickers

Vor einigen Jahren gab es ein Freundschaftsspiel zwischen Kickers Offenbach und Eintracht Frankfurt. Freundschaft zwischen Frankfurt und Offenbach, Eintracht und Kickers? Freundschaft zwischen zwei Industrieunternehmen, die ein Fußballspiel herstellen? Naja, man nennt das halt so. Besser wäre: Vorbereitungsspiel auf den harten Bundesligaalltag mit harter Währung für Schritt und Tritt. Tritt vor allem! Nun gut, besagtes Spiel jener Freunde von hier und dort wurde also im dritten Fernsehprogramm übertragen.

Es war ein schöner, warmer Sommerabend. Greg, mein Hund, tummelte sich im Garten, und ich lümmelte mich mit einer Flasche Bier vor den Fernseher, siegesgewiß natürlich, denn:

Hört ihr's, wie der Donner schallt?
Das ist die Eintracht vom Riederwald!

Das Spiel fand zwar in Offenbach auf dem Bieberer Berg statt, der Deutschlands höchster Berg ist, weil dort Auf- und Abstieg so lange dauern, aber dennoch, es verlief Frankfurt-freundlich, wie es mir gefiel, wie ich es genoß, wie es mir gut tat bei Bier um Bier.

Da geschah es, daß es Greg, meinem Hund, im Garten bei den Blumen zu langweilig wurde. Er kam herein, legte seine

Riesenpfoten auf die Sessellehne und betrachtete das Geschehen, als wollte er sagen, »jetzt aber Jungs!« Die Offenbacher befolgten gehorsam seinen Rat, fingen an zu wirbeln und schon stand es 1:0.

Ich schaute Greg an, der schaute mich an, und wenn ein Hund tückisch grinsen kann, dann grinste Greg tückisch. Ich bin zwar nicht abergläubisch, ich glaube auch meinen Hund zu kennen, aber vorsichtshalber schickte ich ihn wieder in den Garten. So nahm dann alles seinen geordneten Gang:

Schön ist es auf der Welt zu sein,
sprach der Nickel zu dem Hölzenbein.

Und bald stand es 1:1.

Jetzt galt es sich ranhalten, vor der Pause einen Vorsprung herauszuschießen. Ich bangte mit den Jungs. Gleich mußte die Halbzeit sein. Wunderbar, es lief gut. Pfostenschuß!

Hört ihr's, wie der Donner...

Greg kam rein, als ich gerade wieder losbrüllen wollte. Jetzt die Ruhe bewahren, Jungs. Greg stand vor seinem Napf. Schon Hundevesperzeit? Ach was, gleich ist Halbzeit. Ich schielte zu Greg, der zeigte auf den Fernseher, denn da fiel das 2:1 für die Kickers. Hinterlistig hatten sie meine Unaufmerksamkeit ausgenützt. Wenn ein Hund lächeln kann, dann lächelte Greg jetzt. Halbzeit.

Was tun, fragte ich mich. Ich liebe meinen Hund, aber sollte ich ihn jetzt, wonach mir war, verhungern lassen? Einfach so? Ich ließ mich erweichen. Greg fraß seelenruhig, wohl weil die Kickers mit einem Vorsprung in die Kabinen gingen.

Ich holte neues Bier, rückte Erdnüsse und Vereinswimpel auf den rechten Platz, machte es mir wieder gemütlich,

schickte Greg, meinen Hund, nachdem er gefressen hatte, wieder in den Garten, und die zweite Halbzeit begann.
Ein paar Minuten lang schoben sie den Ball ruhig hin und her. Zum Einschlafen, zum Abgewöhnen, zum Nichthingucken. Obwohl, redete ich mir ein, gekonnt und souverän ist das schon, was die Eintracht da macht. Wieder kam Greg, mein Hund rein, legte mir diesmal die eine Pfote über die eine, den Kopf über die andere Schulter und schaute zu. Ob er eigentlich übergeschnappt sei, fragte ich ihn, schaute ihn streng an, spielte Wut. Er zeigte mit der einen Pfote auf den Fernseher. Ich starrte in die Richtung, Tor! 3:1 für die Kickers.
Jetzt reicht's mir, schrie ich. Ob er sich eigentlich ernsthaft unterstehe, hier und in diesem Hause ein Kickers-Fan zu sein? Ob er das mir, seinem Herrchen, antun könne, brüllte ich. Wenn Hunde ganz und gar hinterlistig sein können, dann war Greg, mein Hund jetzt ganz und gar hinterlistig.
Offenbach, sagte er, Offenbach ist eine kleine Stadt, immer im Schatten von Frankfurt. Und die Eintracht, argumentierte er, die Eintracht sei ein reicher Verein, nehme in diesem für die WM ausgebauten Stadion viel mehr Geld ein. Und er, Greg, mein Hund, er sei schon immer auf der Seite der Schwächeren gewesen. Und überhaupt, in Offenbach sei das Stadion viel intimer, da könne man den Spielern noch Ratschläge zurufen, da spielten die Leute noch kämpferischen Fußball, da zeigten die Leute noch was für ihr Geld. Kickers, das sei noch eine Mannschaft...
Du bist doch nichts als ein blöder Hund, brüllte ich, und du hast keine Ahnung von Fußball. Die Eintracht, sagte ich, die Eintracht, das ist eine Mannschaft aus Individualisten und Filigrantechnikern.

Filigrantechniker, kicherte Greg, Filigrantechniker! Ach du liebe Güte! Dann sollen sie doch Uhrmacher und Goldschmiede werden, aber nicht Fußballer!
Wenn ein Hund Hohn kennt, dann kannte Greg, mein Hund jetzt Hohn.
Und Grabowski? Grabowski, wiederholte ich, ist das nicht ein Superfußballer? Spielt der nicht auf einem Bierdeckel drei Kickersspieler schwindelig? He, du dummer Hund!?
Das ist schon wahr, meinte er, aber dafür springt er auch nur so hoch wie ein Bierdeckel. Greg sprach's, lachte, hob leicht ein Ohr, was noch nie etwas Gutes bedeutet hat, und es stand 4:1 für die Kickers.
Wenn man einen geliebten Hund hassen kann, dann haßte ich jetzt diesen geliebten Hund. Aber ich durfte mir das jetzt nicht anmerken lassen. Ruhe bewahren, Übersicht behalten, nicht einschüchtern lassen, hieß es jetzt für mich und die Eintracht. Lässig winkte ich ab. Jaja, sagte ich, sie spielen heute nicht einmal schlecht, lassen wir sie halt einmal ausnahmsweise gewinnen.
Ausnahmsweise! flötete Greg, mein Hund, ausnahmsweise! Die Statistik aller Spiele spricht für Kickers. Das Torverhältnis sowieso.
Torverhältnis, brüllte ich, Torverhältnis, versteht jetzt ein Hund auch schon was von Torverhältnis?! Wer hat denn die wichtigen Spiele gewonnen? Wer war denn 1959 Deutscher Meister? Aha, Greg, mein Hund!
Er schwieg, hob wieder ein Ohr. 5:1.
Jetzt reichte es. Ich warf ihn hinaus. Und es blieb beim 5:1.

Hört ihr's, wie der Donner schallt?

Nichts hörte ich. Nur Greg, meinen Hund, der es in der ganzen Nachbarschaft herumbellte, daß die Eintracht verloren hatte. Und ich wünschte mir in diesem Moment, daß die Eintracht den Bruno Pezzey an die Kickers verkauft, denn der ist Österreicher – wie mein Hund Greg.

HANS-JOSEF JUSTEN

Schalke 04

Wie stahlgewordene Giraffen ragen vier Flutlichtmasten in den diesigen Dunst. Obendrauf die Funzeln. Überaltert, unmodern, von gebrochener Leuchtkraft. Relikte. Restbestände aus jenen Jahren, da König Fußball hier wohnte. Und seine Erbprinzen gleich nebenan: Auf dem Weg zur Kampfbahn Glückauf, mußt du an dem Tabakwarenladen vorbei, den Ernst Kuzorra gegründet und »Stan« Libuda gepachtet hat. Du passierst ein paar Tankstellen, deren Zapfsäulen früher fest in der Hand von kickenden Könnern gewesen sind, du kannst beim Kneipenpächter des Willi Schulz den Korn kippen oder in den Bierschaum beißen und ein paar Theken weiter sogar den Kreisel tanzen lassen. Aber nur noch sonntags, beim Preisskat.

Rund um den Rasen, den die »Knappen« zertraten, Schalke – häßlich und herzlich, bedrückend und ergreifend, Fußball-Mekka und klagende Mauern.

Den Stars von heute ist es zu schäbig, zu klein, zu gewöhnlich. Sie spielen im weiten Parkstadion, speisen im noblen Palisanderraum, treiben ihre teuren Droschken in die feineren Wohngebiete, wo sich die Augen am Grün laben und die Lungen Waldluft schlürfen, wo kein Steinstaub fällt und kein staubiger Stein den Blick verstellt.

Was Kult war, ist kultiviert worden. Auch in Schalke. Gustaf Adolf, Schweden-König, wollte wissen, wo es denn liege, dieses Schalke. Und Ernst Kuzorra, mit Schwager Fritz Szepan ein Begriff wie Max und Moritz, Tünnes und Schäl, Hänsel und Gretel, lokalisierte in einer unverwechselbaren Mischung aus Slang und Schlichtheit aus dem eigenen Selbstverständnis »Schalke liegt anne Grenzstraße, Majestät«. So war das vor vierzig, fünfzig Jahren: Nicht Deutschland, geschweige denn Gelsenkirchen. Nein, Schalke und die Grenzstraße. Das Zentrum vom Ganzen, der Nabel der Welt, einer Illusion, einer Ideologie. Katalysator und Kernspalter der Extreme: Ein Schalker war man ganz oder gar nicht, zwischen heißer Liebe und dem kalten Haß lag kein Quadratmeter neutraler Zone.

Ursachen? – Die Forschung, mit Inbrunst, Hingabe und Ehrgeiz betrieben, kaprizierte sich meistens auf die schlagwortartigen Begriffe der Hilflosigkeit: Wenn die Tiefseetaucher in der Schalker Seele wieder mal auf Grund gelandet waren, dann haben sie eben den »Mythos« oder das »Phänomen«zur Kurzformel ihrer dünnen Erkenntnisse gerafft und Kuzorra einfach zum »Denkmal« ernannt.

Dabei sind trotz aller irrationalen Unwägbarkeiten ein paar einleuchtende Argumente bei der Hand: Sie spielten nachmittags im Schatten jener Schlote, die sie in harter Spät- oder Frühschicht selbst zum Qualmen gebracht hatten. Bergleute waren es, die in ihrem schweißtreibenden Beruf durch den Stollen krochen und bei ihrer schweißtreibenden Passion auf den Stollen tanzten. Den Sobottkas und Jatzeks, den Szepans und Kuzorras, den Marzinziks, Kulschewskis, und Nitzkowskis konnten die Kumpels aus der Nachbarschaft nach gemeinsamer Buddelei vor Ort den Dreck vom Buckel bürsten. Hinterher wurde beim Bier beglückwünscht: Schalke war Sieg und der Tresen Treffpunkt. Ohne Rangordnung, ohne Renommier-Gehabe, sondern mit einsichtsvoller Einvernehmlichkeit: »Arbeit und Armut waren Brüder«, sagt Ernst Kuzorra, »und der Fußball gesellte sich als Ausgleich hinzu.« Da gab es keine trennenden Grenzen zwischen denen da oben und jenen da unten; keine Gitter, keinen Wassergraben, keinen treu-deutschen Schäferhund. Sozialbarrieren sowieso nicht: Auch die virtuosen Ballbeweger schlugen tagsüber das schwarze Gold aus finsteren Schächten, und selbst später, als ihnen das Dasein denn doch erleichtert wurde, da hatte der Mitmensch sie immer noch zum Anfassen. Nämlich als Tankwart oder als Bierzapfer in den winzigen Pinten am legendären Schalker Markt oder hinter der Lotto-Toto-Theke, dem kleinen Glück der frühen Profis.

Der Fußball war Fixpunkt für die Staunenden und Bestaunten: Mal Zankapfel, mal wirbelnde Wonne, jedenfalls immer ein Bindeglied für eine Solidargemeinschaft von unvergleichlichem Zuschnitt: Das Gewöhnliche war in Schalke der tiefe und doch so banale Grund fürs Außergewöhnliche. Menschen aus einer Stadt, einem Stadtteil, aus einer Straße, Arme-Leute-Kinder, Püttmänner auf der Seilfahrt zur Sonne: An trüben Tagen, erinnert sich Ernst Kuzorra, sei es vor lauter Ruß und Dreck gar nicht richtig hell geworden.

Bis die »Knappen« Fußball spielten.

Spielten? – Gezaubert haben sie. Mit verblüffender Intuition, mit entzückender Leichtigkeit, mit jenem Schuß Genialität, den kein Gegner durch gediegene Taktik oder gewuchtete Kraft kompensieren konnte. Den anderen brummte der Schädel, wenn Schalkes Kreisel auf die Umlaufbahn ging.

Sechsmal drehte sich das Ding in den Vorkriegsjahren zur Meisterschaft, und aus jedem neuen Lorbeerkranz holten sie die Blätter fürs nächste Kapitel einer Legende, die das Ausmaß, ja das Unmaß einer Mythologie erreichte.

Wenn die anderen Alltag hatten, war in Schalke immer ein bißchen mehr.

Als die Wächter der reinen Lehre auftrags- und pflichtgemäß einen Regelverstoß montierten, weil die kickenden Künstler vor einem halben Jahrhundert pro Mann und Auftritt zehn Mark Gage nahmen, löste die konsequente Sperre in Schalke selbstverständlich eine Untergangsstimmung von melodramatischem Zuschnitt aus: Das blau-weiße Tuch blähte sich nur noch auf Halbmast-Höhe, und der Kassierer Willi Nier, der sich als gewählter Konten-Verwalter verantwortlich fühlte, sah in seinem Leben keinen Sinn mehr und versenkte sich gleich neben der Glückskampfbahn im Rhein-Herne Kanal.

Vierzig Jahre später stand die Bundesliga beidbeinig und knöcheltief im Sumpf – aber Schalke natürlich noch ein Stückchen tiefer: Die Folgen eines Bestechungsskandals, der den professionellen Fußball an den Rand des Abgrunds rollen ließ, wurden weitestgehend von der Sportjustiz bearbeitet und zu den Akten gelegt. Doch die Schalker die sich in einer brisanten Mischung aus falsch verstandener Kameradschaft oder überheblicher Fehleinschätzung bis zum Meineid durchlogen, bemühten ein ordentliches Gericht. Statt dann aber wegen gravierender Form der Irreführung mit einem zusätzlichen Denkzettel bestraft zu werden, frohlockten sie über eine lichte Stelle im Dickicht der Paragraphen. Ein findiger Kenner hatte die Möglichkeit des Eidesnotstandes entdeckt, also die ungewöhnlichste Art der mildernden

Umstände. Es gab nur Geldstrafen, die in fünf Autogrammstunden wieder hereingeholt werden konnten, keine Haftstrafen, und Justitia blinzelte aus königsblauen Augen. Beim Rasenschneiden, so geht die Sage, sind in Schalke schon zehntausend Zuschauer gesichtet worden, wenn Klodt, Koslowski, Matzkowski, Kalwitzki, Tibulski die Schuhe schnürten, guckten mehr Menschen hin als bei Fortuna Köln in einer ganzen Saison. Und ein Schalker Mannschaftsbetreuer, zuständig für die saubere Kluft und die geordneten Koffer, hatte im ganzen Lande eine ungleich größere Popularität als ein schlichter Vereins-Vorsitzender oder gar Minister. Die Schrulligkeiten, die sich fallweise im Triumph oder in der Trauer entlarvten, dünnten jedoch im Zuge der Zwänge und unter dem Druck knallharter Professionalisierung immer stärker aus: Mochten sie 1965 nach dem Schalker Abstieg noch die Bundesliga aufstocken, weil Schalker Zweitklassigkeit im allgemeinen Selbstverständnis so undenkbar war wie die Hochzeit des Papstes, so rührte sich im Sommer '81 keine Hand und keine Stimme, als die Mannschaft dann doch in die Niederungen purzelte.
Und vorher rächte sich schon, daß man bei der Ausgabenplanung in fröhlicher Fehleinschätzung offensichtlich von schubkarrengroßen Einnahmen ausgegangen war. Zwischen der Zahlungsfähigkeit und den Forderungen klaffte nämlich plötzlich ein siebenstelliges Loch. Die Lizenz wurde zeitweise verweigert, bei einer spontanen Klingelbeutelaktion stellte sich heraus, wie klein der Kreis von wahren Freunden geworden war, der wirtschaftliche Kollaps konnte nur auf Kosten einer sportlichen Ausblutung verhindert werden, und Ernst Kuzorra, den die Fernseh-Biene Maja am Samstagnachmittag schon viel stärker ergötzte als die blauge-

strumpften Fußballerbeine, weinte stumm in sein Bierglas. Die düsteren Ahnungen vom Tod seines Klubs hatte er bereits ein halbes Jahr vor dem sportlichen Exitus. Was er sprichwörtlich unter Schalke verstand, war aber sowieso schon lange gestorben: Als sie nämlich den personellen Nachschub über die Grenze holten und nicht mehr von der Grenzstraße. Als Österreicher kamen und Jugoslawen. Als sich der bissige Klugschwätzer Max Merkel, ein teurer Angestellter zumal, doch tatsächlich erdreistete, die Autobahnverbindung zum Süden als das Schönste an Schalke zu bezeichnen.

Da war das Herz vom Hirn eingeholt worden: Die Faszination das Märchenhaft-Mysteriöse, die schalke-spezifische Unbegreiflichkeit wichen den Normen und Nüchternheiten dieser Tage.

Das Unverwechselbare ist dahin. Sie sind berechnend und berechenbar geworden, die Schalker von heute, die mit den »Knappen« so wenig gemein haben wie die Emscherböschung mit der Cote d'Azur: Sie ziehen sich heute das blaue Trikot über die breite Brust und morgen das grüne und übermorgen das rote. Reine Frage des Angebots.

Der Fußball und seine handelnden Hauptdarsteller haben sich den Gesetzmäßigkeiten der Marktwirtschaft unterjocht, das weite Feld der Möglichkeiten wird mit dem Verstand taxiert und nur noch selten mit dem Gefühl. Deshalb ist Schalke so, wie es die Alten empfanden, nur noch Vergangenheit.

Ein Kapitän Ernst Kuzorra hätte handfest ins Steuerrad gegriffen, wenn das stolze Schiff derart schlingernd und scheppernd aus dem Ruder gelaufen wäre wie im finstersten Sommer seit der Gründung. Doch Kapitän Klaus Fischer,

dritte Generation nach Kuzorra, sichtete unterdessen bereits die alternativen Absprungstellen.
Kapitän Ernst Kuzorra blieb Schalker bis zum blumenreichen Abschied, und selbst einen Wechsel ins benachbarte Wattenscheid hätte er bereits als schäbigen Vaterlandsverrat verstanden. Doch Kapitän Norbert Janzon, erster Spielführer nach dem Abstieg, fährt sein Auto weiterhin mit Münchner Kennzeichen: Endstation Sehnsucht ist Schalke wohl nicht geworden.
Ein Durchreisender ist er, ein Name auf der Gehaltsliste, ein Stück von der personellen Fluktuation. Sie haben ihn verpflichtet, wie man so sagt, sie honorieren ihn, wobei zwischen »Verdienst« und Einkommen allgemein längst ein gravierendes Mißverhältnis besteht, sie werden sich bei Vertragsende trennen. Kurz, schmerzlos, ohne Tränen, Verwaltungsvorgang in einem Betrieb, der das Ballgeschiebe produziert und außer den Beinen vor allem Millionen bewegt. In Schalke und anderswo.
Mit Weltanschauung, Glaubensbekenntnis geht da so gut wie gar nichts mehr. Dieser Verein, dem sie die Anekdoten strickten und die Legenden webten, ist eine Fallstudie für den sozialen und soziologischen Wandel rund um den Fußball. Die aktuelle Leistung ist das Regulativ, aber nicht doch der verklärende Hinweis auf die Taten und Tage von vorgestern. Inmitten dieser kalten Pracht lebt Ernst Kuzorra, ein Jahr jünger als »sein« FC Schalke 04, fast wie ein Fremder, der sich auch nicht mehr umstellen mag: Wenn er morgens vom Hause aus die Schritte nach rechts wendet, dann ist Montag. An allen anderen Tagen der Woche trinkt er sein Bier in der Vereinskneipe, die montags Pause macht.
Da hockt er inmitten der Kumpels, die ihn im Saft seiner

Jahre auf die Schultern hievten, und die dem gebrechlichen älteren Herrn täglich auf die Schultern klopfen. Da hat er dann immer noch sein »Heimspiel«. In Freistoßnähe jenseits der Kampfbahn Glückauf, gleich unter den Flutlicht-Funzeln.

Und Gelsenkirchen ist schon ganz weit weg.

ELKE HEIDENREICH

Mädchen im Abseits

Kindheit im Kohlenpott bedeutet auch: Kindheit mit Fußball. Ein Junge spielt selber in der Mannschaft Kunigundastraße gegen Gerswidastraße, ein Mädchen kriegt Fußball via Familie mit: Mit Onkel Hans zu Rot-Weiß Essen, mit Onkel Otto zu Schwarz-Weiß, mit Vater nur auf Schalke. Die Diskussionen zu Hause waren verbissen, trennten Brüder, entzweiten Arbeitskollegen, der tiefe Riß ging oft mitten durch die Familie, und das kleine Mädchen spitzte die Ohren und hörte früh von »Flügelzange« und »Abseits« und »Fallrückzieher«.

Mit Onkel Hans bei Rot-Weiß war es am schönsten. Onkel Hans kaufte großzügig »Klümpkes« zum Lutschen und »Heftkes« zum Lesen, wenn es denn gar zu langweilig wurde, auch auf den Schultern durfte man schon mal sitzen und mitbeben, wenn der ganze Onkel bebte. Mit Onkel Otto bei Schwarz-Weiß war es öde, stillsitzen, nicht herumhampeln, über den Kopf hinweg fachsimpelte er mit Onkel Walther und sie stritten und schrien sich an und vergaßen die gähnende Achtjährige da unten.

Mit Vater auf Schalke war es überwältigend – er schien jeden auf der Glückaufkampfbahn zu kennen, Stadion Rote Erde, er wußte die abenteuerlichsten Geschichten von Berni

Klodt und Kalli Barufka, er konnte das Schalker Kreiselspiel vormachen, das Kuzorra und Szepan zur Meisterschaft gebracht hatten (Ball und Gegner laufenlassen! Dribbeln! Täuschen!), und es tröstet mich, daß er Schalkes Abstieg nicht mehr erleben mußte.

Mit 15 die erste Liebe, die ersten Küßchen nach der Eisdiele im dunklen Hausflur. Auch der Angebetete war wahlweise Stürmer oder Rechtsaußen in der Mannschaft, die jedes Wochenende auf der Schillerwiese herumballerte, wo ich doch dachte, es gäbe nichts Schöneres als meine Hand zu halten – den Ball zu halten, das war für die ersten Geliebten meiner Jugend in Essen allemal schöner.

Abitur, Studienjahre, Semesterferien zu Hause: 1963 will ich von meinem Hauptseminar in Philosophie erzählen. Mutter und Onkel feiern die Einführung der Bundesliga – ich sage: »Der Professor ist sehr zufrieden mit mir, mein Referat wurde vorgelesen«, sie sagen: »Ist das nicht toll, Schalke, Borussia Dortmund, Preußen Münster und der Meidericher SV, alle dabei!« 1964/65: Erste politische Demonstrationen an der FU Berlin, zu Hause Aufruhr über die schlimme Schalker Saison; irgendwie zog sich das immer mit durch, und samstags um sechs durfte man nicht zu Hause anrufen, dann kam nur ein »Bisse jeck? Gerade gezz!«

Die erste eigene Wohnung mit einem Mann zusammen – kein Mann aus dem fußballbesessenen Kohlenpott, ein Studierter, mit dem sich über Lyrik diskutieren läßt –, aber nur montags bis freitags. Er muß Samstag Sport im Fernsehen gucken und Sonntag Sport im Radio hören. Als Bayern München gegen Hertha BSC in Berlin 7 oder 8:0 gewinnt, sehe ich den Mann meines Herzens von Glück betrunken und zweifle, ob er der Richtige für mich ist. Der nächste schwärmte für Eintracht Frankfurt, der dritte wieder für den FC Bayern. Es scheint, als hätten alle Männer ihren Verein, von klein auf ererbt von den Vätern und Brüdern und Onkels – und ich? Ich war doch auch an der Hand mit dabei, durch mein Leben zog er sich doch auch, warum verstehe ich bis heute nicht, was »Abseits« ist? Was mache ich falsch, daß das Fieber nicht überspringen will, wenn ich heute im Schalker Parkstadion sitze und 70 000 jubeln höre, wenn ein Tor gegen Bayern fällt? Irgendwie ist es ein Rest Männerwelt geblieben – trotz der vielen Frauen auf dem Platz: Hier sind die Jungens noch unter sich, und so ganz lassen sie uns nicht heimisch werden in ihrer Domäne – wie sie uns schon als kleine Mädchen nur im äußersten Notfall haben mitspielen lassen. Ich bin im »Abseits« – und trotzdem ist Fußball aus meinen Erinnerungen genausowenig wegzudenken wie Gummibärchen, Onkel Dagobert, Sonntagskino, Eisdiele und Reibekuchen anne Bude.

OTTO JÄGERSBERG

Langsames Verschwinden des Balls aus dem Leben

Waldmeister: Endlos waren Stoppelfelder und Wiesen. Nur der Ball gab die Kraft, sie zu beherrschen. Schon als Kind im Wagen hatte er mich überrollt; eine unberechenbare Gewalt, die umwarf. Immer waren die Bälle glitschig bei uns und schwer von Nässe, und die Haut brannte, wo sie trafen. Langsam lockerte sich eine Naht, dehnte sich, bröckelte, die rote Blase trat leuchtend hervor; und das Leder verformte sich, begann zu eiern und sprang endlich unberechenbar wie eine Ziege in den Stacheldraht, und es gab einige Tage Ruhe. Die Pfeife machte den Richter, die Hose den Wart, der Ball den Führer, die Fahne den Verein, der Rückenwind den Sieger. Vor den Ernten war unser Platz im Wald, von einem Bach und einem Graben mit stehendem Gewässer gesäumt, in jeder Spielhälfte gehörten acht Bäume mit zur Mannschaft.

Die Hose hatte mich zum Wart gemacht. Mein Vater hatte in ihr schon im Tor gestanden, und mein Bruder hielt noch in ihr für den Handballverein. Sie reichte mir von der Brust bis zu den Knien, und ich hielt sie mit Träger und Gürtel. Sie war warm und dick wie eine Matratze und gab mir eine unerschütterliche Sicherheit. Jeder Ball war der Anlaß zu einer Parade. Immer wieder die köstliche Erfahrung des

durch die Hose gedämpften beinahe schmerzlosen Aufpralls und der Rufe: Töfte! Jofel! Wir waren Waldmeister. Fahnenmutter wurde Ursel, Wimpelträger Josef. Unser Kampfruf war: Deutschland! und die aus der Peter-Büscher-Siedlung brüllten: Zicke Zacke Hühnerkacke! Die erzielten Tore wurden in die Mannschaftsbuchen eingekerbt. Neue mußten erst die Versorgungslage sichern. Wer sich hervortat und Eingemachtes oder eine Schale Rübenkraut organisierte, konnte leicht Mittelstürmer sein für einen Nachmittag. Die Mädchen wurden an den Flügeln eingesetzt. So wurden sie zuständig, die in die Wasser verirrten Bälle herauszuholen. Dann war der Ball schleimig wie ein Karpfen, und ich faustete ihn mit Ekel. Die Spiele endeten bei Einbruch der Dunkelheit.
Manchmal war ich allein im Wald. Ich stand im Tor und schoß den nächsten Baum an und hechtete nach dem zurückprallenden Ball.
Der Förster des Waldbesitzers zählte es zu seinen Pflichten, hin und wieder die Tore zu zerstören. Dann ruhte der Fußballbetrieb, und wir legten Nägel aus für des grünen Mannes Leichtmotorrad und sägten Brückchen an, bevor der Wiederaufbau begann.

Preußen Münster: Männer und Kinder aus der Siedlung fuhren früh los, Henkelmänner und einen Akkumulator für die Sirenen auf dem Fahrradanhänger. Weit war der Weg über die Loddenheide zum Hammer-Stadion hinterm Kanal. Wir sahen alle Vorspiele, mit Herz und Mund für Preußen. Ich hatte eine Rottenwächtertröte. Auch der kleinste Angriff wurde unterstützt. Zwischen den Spielen aßen wir Kartoffelsalat. Ich bewunderte die Fußballer, die sich die ihnen bei

Unterbrechungen gereichten Seltersflaschen über die Haare gossen, und die Torwarte, die auch im Sommer Handschuhe trugen. Am Nachmittag endlich der Anpfiff zum Hauptspiel. Überall nahmen Erwachsene die Sicht. Eine Mauer aus Klepper-Mänteln. Wenn ich zu den falschen Aktionen tröte-te, setzte es was. In den Pausen schlug man sich vor den Kabinen um einen Platz für Fiffi Gerritzen und Addi Preißler ganz aus der Nähe.
Sieg oder Niederlage beanspruchten dieselbe Verweildauer in den am Heimweg liegenden Wirtschaften. Ich sehe mich vor dem Römerwirt stehen und in die einfallende Nacht tröten. Aber die Männer an der Theke wollten das Spiel erst zu Ende spielen. Am nächsten Morgen, wenn sie mit schmerzenden Schädeln zur Arbeit fuhren, mochte ihnen wohl für einen Moment einfallen, wer diesmal wieder verloren hatte.

English football: Das waren wir dem deutschen Fußball schuldig. Die deutsche Fußballjugend hatte den Krieg nicht verloren. Mit Axt und Säge kriechen wir durch das Wäldchen vor den Tommyplätzen. Das Laub ist glitschig und klebt an den Beinen. Da, ein Rascheln! Rascheln von Schlangen. Die Tommys setzten Schlangen aus, um ihre Anlagen zu schützen. Wir schätzen Schlangen nicht. Ein unerträgliches Schleichen und Wesen ist um uns herum. Der Tommywald wimmelt von Schlangen. Wir sehen sie nicht, doch sie sind um uns. Die Tommys haben die gefährlichsten Giftschlangen aus Afrika hier ausgesetzt. Afrika, verlorenes Land. Auch Afrika müssen wir wiederhaben. In den ehemaligen Kolonien hallt der sehnsüchtige Schrei nach deutscher Herrschaft wider. Wir sind es auch den treuen Askaris schuldig,

daß wir jetzt durchhalten. Die Schlangen sind überall. Sie hängen in den Zweigen, streifen gefährlich an unseren Gesichtern und Händen vorbei. Wir fassen Axt und Säge fester. Kommt nur! Da schimmern die hohen weißen Tore vor der Kasernenmauer zwischen den Zweigen.
Gleich sind wir durch. Nicht einmal bewacht haben sie ihre den deutschen Fußball verspottenden Tore. Sie fürchten sich vor der Nacht, die Brigadiers mit den Kartoffelherzen. Wir erreichen den Rasen. Der Rasen ist in Ordnung, die Schlangen bleiben zurück, der Rasen wächst auf deutschem Boden, von deutschen ehemaligen Soldaten gepflegt, in ganz England gibt es keinen Rasen wie diesen. Und da haben sie ihre Tore hinzusetzen gewagt, mit den weit über den Querbalken ragenden Pfosten, in die wir hauen und sägen. Ungestört, denn wir wissen, die Brigadiers liegen jetzt auf den Bäuchen und kriegen die Wirbelstöckchen der Obertommys in die Ärsche gesteckt. Schwer sind die Pfosten zu fällen. Deutsches Holz. Doch es gelingt.

Rechtsaußen: Auch wuchs der Rasen da kräftig und an keiner Stelle kam der Sandboden vor wie auf den vielbelaufenen Flächen. Rechtsaußen war ich einsam. Ich lief vom Birkenwäldchen zum Kiefernwald, allein, unbehelligt – die Feinde griffen erst in Tornähe an. Auf dieser Seite gab es nie Zuschauer, hinter der Aschenbahn begannen gleich Schonungen. Ungestört hielt ich auf der langen Strecke den Ball dicht am Fuß und spielte ihn, bevor die Feinde kamen, in die Mitte. Ich fürchtete Fußschmerzen und vermied direkte Schüsse aufs Tor. Die Torwarte taten mir leid, die Tore waren so breit, so hoch und ohne Netz. Diese demütigenden Gänge der Warte zu den Bäumen, um die durchgelassenen

Bälle zurückzuholen. Wir spielten in schwarzen Turnhosen und weißen Unterhemden. Aber man sprach darüber, daß Trikots angeschafft werden sollten, blau-weiße, und jeder sollte Stutzen und richtige Fußballschuhe haben. Ich spielte in Turnschuhen, unsere Verteidiger hatten sich unter hohe Schuhe als Stollen Lederplättchen genagelt. Ich haßte das Spiel auf der anderen Seite. Da standen hinter einem Holzgeländer die Freunde, die Angehörigen der Feinde, Mütter, Experten. Vor deren Augen mußte man schneller laufen, häufiger abgeben, härter rangehen. Sie standen ganz nah und schrien, ich zupfte immer wieder meine Turnhose mit den weiten Beinen zurecht. Die Zuschauer sahen alles. Ich rannte mit starrem Blick aufs Birkenwäldchen zu, in dem ein kleines Holzhaus stand mit einem Schreibwarenladen, in dem es gut roch und wo ich gern war und mir lange Bleistifte aussuchte, den sternförmigen Atom von Argona und den runden Kopierstift Tradition von Staedtler mit dem Mondgesicht auf dem roten, schön gemaserten Holz, und wo auf der niedrigen Theke ein Kästchen stand mit Knallerbsen unter Holzwolle verborgen.

Die Anfahrten zu den Auswärtsspielen dauerten Stunden. In jedem Dorf gab es andere Regeln. Nach dem Spiel waren meist unsere Räder platt. Eine einsame Überlegenheit schaffte gegen die Aktionen der Feinde die Anwendung des Wortes unsportlich. Willstewas? Waswillste?

In den Umkleideräumen ging es mitunter zärtlich zu. Großzügig trug man einander Salben auf und verwickelte sich in Binden. Zu Hause wurden die Auswärtsspieler wie Helden empfangen. Nachmittage süßer Ermattung bei Pudding mit eingedicktem Kirschensaft, und in den Erzählungen knallten die Schüsse. Der Ruhm eines Torschützen nahm im Laufe der Woche zu, und endlich wurde aus Horst der Hotte, aus Friedrich der Fiffi, und der Trainer schliff die Wolfi, Didi, Bubi, Addi, Manni, Sebi, Bobbi, Micki, Gerre zu einem gefürchteten Haufen, der in die Tabellen auf der Sportseite kam, und wer jetzt noch ohne Fußballschuhe kam, durfte nicht mehr mitspielen, und der Beitrag wurde fällig, und ich trat aus.

WILHELM NEUDECKER

Transfer

Dieser Beitrag möchte sich mit der in letzter Zeit häufig diskutierten Frage über die Notwendigkeit der Beibehaltung des sogenannten Transfersystems befassen, das beim Wechsel eines Fußballspielers von einem Verein zum anderen angewandt wird.

Grundsätzlich muß zunächst einmal festgestellt werden, daß nicht jede in Verbindung mit einem Spielerwechsel stehende und in der Öffentlichkeit diskutierte Zahlung einer Transferentschädigung das System in Frage stellen kann. Man muß unterscheiden zwischen Wechsel von Spielern, die von einem anderen Verein aus einem bestehenden Vertrag »ausgekauft« werden und solchen, die nach Ablauf ihres Vertrages den Verein wechseln wollen.

Zum ersteren Bereich kann man festhalten, daß frei vereinbart werden kann, unter welchen Bedingungen ein bestehendes Vertragsverhältnis vorzeitig beendet wird. Demzufolge sind auch die das Arbeitsverhältnis beendenden Bedingungen frei vereinbar.

Um die zweite Frage richtig beurteilen zu können, muß man sich mit der Eigengesetzlichkeit des Berufs-Fußballs und seinem wirtschaftlichen Mechanismus etwas eingehender befassen.

Während sich in anderen Wirtschaftsbereichen die Beteiligten an ökonomischen Verhaltensnormen orientierten, wie sie in der freien Marktwirtschaft üblich sind, mit dem Ziel, den höchsten Marktanteil für das Unternehmen zu erringen, beim Ausfall von Mitbewerbern deren Marktanteil zumindest teilweise auf sich zu vereinigen und den Gewinn zu maximieren, stellt sich die Ausgangssituation im Fußball anders dar.

Dem Fußball und der wirtschaftlichen Betätigung der Vereine mit Lizenzspielerabteilungen sind diese Prinzipien zwar nicht unbekannt, es wird sich jedoch zeigen, daß durch die Eigengesetzlichkeit dieses Sports auf Dauer hiermit kein erfolgreiches Auskommen sein wird. Obwohl jeder Verein für sich eine eigene Rechtspersönlichkeit darstellt und einen selbständigen wirtschaftlichen Geschäftsbetrieb unterhält, erzielt er anders als im übrigen Wirtschaftsleben seine Einnahmen und Umsätze nicht durch selbständige, ausschließlich von ihm zu beeinflussende Aktivitäten. Er kann sie vielmehr nur in der Gruppe im Spiel mit anderen Vereinen nach vorgegebenen Spielplänen erzielen. Nur durch ausgeglichenen rivalisierenden sportlichen Wettbewerb können die Vereine Einnahmen erzielen, die dem Gesamtverein einschließlich der Spieler zugute kommen. Um es auf eine kurze Formel zu bringen: In den übrigen Wirtschaftsbereichen konkurrierende Betriebe sind unter dem Gesichtspunkt ihres eigenen Nutzens daran interessiert, Mitbewerber auszuschalten, um den eigenen Marktanteil erhöhen zu können. Beim Berufs-Fußball ist es genau umgekehrt. Das kurzfristige Ausscheiden eines Mitbewerbers, beispielsweise durch Konkurs, würde die Gruppe schwächen, Einnahmeausfälle durch das Fehlen eines Spielpartners bedeuten und zu Verlu-

BUNDESLIGA
Pepsch

sten führen. Oberstes Ziel der Gruppe muß demzufolge wirtschaftlich wie sportlich die Ausgewogenheit und Stabilität der Spielklasse sein.
Von dieser Erkenntnis gehe ich aus und ziehe hieraus meine Konsequenzen.
Der Berufssport und hier im konkreten Fall der Fußball produziert keine »Ware«, vielmehr stellen die Spieler in den durch den Verband und ihre Vereine organisierten Veranstaltungen ihre fußballerischen Fähigkeiten in den Vordergrund. Im Mittelpunkt der erbrachten Leistung steht also der Spieler bzw. die Mannschaft, von dessen/deren Fähigkeit der Wert der dargebotenen Leistung abhängt. Da es sich beim Fußball um eine Mannschaftssportart handelt, und damit die Leistung des einzelnen hinter der der gesamten Mannschaft zurücksteht, liegt es auf der Hand, daß die Bemühungen aller Vereine darauf ausgerichtet sein müssen, eine ihren Verhältnissen entsprechende attraktive Mannschaft zu haben. Eine Schwächung durch »Ziehung« von Arbeitskräften (Spieler) seitens anderer Vereine oder deren Weggang kann sowohl den betreffenden Verein als auch die Gruppe durch die Verlagerung der Gewichte in Mitleidenschaft ziehen. Unter Beachtung des aufgestellten Grundsatzes wird deutlich, daß es gruppenschädliche Auswirkungen hätte, würde eine Kräftekonzentration auf nur wenige Vereine erfolgen. Die Konsequenz wäre absehbar. Die Zuschauer-Resonanz würde wegen vorhersehbarer Spielausgänge rückläufig sein, was zu Lasten aller Vereine und der Spieler ginge. Betroffen wären auch diese wenigen Vereine, da durch Ausfall der übrigen Vereine und dadurch verursachte »Inzucht« der verbleibenden Gruppe, das Ende auch dieser Clubs voraussehbar wäre.

Hierauf aufbauend kann also gesagt werden, daß die als Transferentschädigung bezeichneten Zahlungen nichts anderes darstellen als eine Leistung, die der übernehmende Verein an den abgebenden Verein zur »Ersatzbeschaffung« zahlt. Mit der Zahlung findet der übernehmende Verein die in den Transfer gesetzte Hoffnung auf Leistungssteigerung der eigenen Mannschaft und damit die bessere Einnahmeerwartung ab. Der abgebende Verein soll mit der ihm zukommenden Zahlung in die Lage versetzt werden, den sportlichen Substanzverlust durch Ausbildung neuer Spieler oder den Erwerb anderer Spieler ausgleichen zu können. Das Transfersystem dient also dem Ausgleich zwischen arm und reich; was sowohl sportlich als auch wirtschaftlich zu werten ist. Auch der Berufsfußball basiert auf dem Gesetz der freien Marktwirtschaft, was aber, wie in anderen Bereichen auch, seine natürlichen Schranken dort hat, wo finanzstarke Vereine die finanzschwachen Vereine »auskaufen« und damit primär deren Existenz und sekundär die eigene Existenz gefährden.

Ausgehend von der Prämisse, daß zwischen sportlichem Erfolg und wirtschaftlicher Potenz ein enger Zusammenhang besteht, wird immer der den größten sportlichen Erfolg haben, der eine relativ große wirtschaftliche Potenz besitzt. Das hat zur Folge, daß finanzstarke Vereine den finanzschwachen Vereinen Spieler abwerben, um den angestrebten sportlichen und damit wirtschaftlichen Erfolg zu besitzen. Um hier einen Ausgleich zu schaffen und die Balance zu halten, hat das Transfersystem sicher seine Berechtigung und dient der Erfüllung der dargestellten Erfordernisse.

Oftmals wird aus der Sicht der Spieler völlig verkannt, daß fehlende wirtschaftliche und sportliche Ausgewogenheit al-

lein zu Lasten des Großteils der Spieler selbst ginge, da nur wenige vorhandene leistungsstarke Vereine das Arbeitsplatzangebot erheblich verringern würden. Es würde sich außerdem ein beschränktes Spielermonopol zu Lasten der Mehrzahl der übrigen Spieler entwickeln, was sicher von diesen nicht gewünscht wird und auch aus der Gesamtsicht nicht erstrebenswert zu sein scheint.
Das Transfersystem stellt nach meiner Überzeugung ein ernst zu nehmendes Instrument nicht nur zur Aufrechterhaltung einer gewissen »Marktordnung« dar, sondern ist auch geeignet, die Arbeitsplätze der Spieler zu sichern. Es hat darüber hinaus den Charakter eines Finanzierungsmittels, zum anderen baut es in einzelnen Fällen Wettbewerbsverzerrungen, d. h. wirtschaftliche Gefälle zwischen arm und reich ab.
Ohne Transferregelung würde zwangsläufig eine Kräftekonzentration auf nur wenige Vereine stattfinden müssen, was für diese selbst und die übrigen der Spielklasse angehörenden Vereine nachteilig wäre. Gleiches gilt analog für die Arbeitsplätze und Einkommensmöglichkeiten der Spieler.

LUDWIG HARIG

Erstes alexandrinisches Sonett über den Fußball

Es krönt das Länderspiel den Bundesligaknüller.
Nicht Niedersachsenroß, nicht Kölner Ziegenbock,
der Adler zeigt sein Haupt. Im schwarzen Nylonrock
das Linienrichterpaar erzürnt den Chor der Brüller.

Ein Flankenball von Kaltz, ein Paß von Hansi Müller
schlägt wie ein Schnabelhieb dem spröden Abwehrblock
die Spalte tief bis hin zur Fahne auf dem Pflock,
wo Rummenigge steht: Vollstrecker und Erfüller.

O abgetropfter Ball! O eingeschlenztes Leder!
Der fußerzeugten Kunst begleicht und opfert jeder
Tribut und Obolus im hirnverzückten Schrei.

Die Sieger tanzen auf, leicht wie die Adlerfeder,
im Arme liegt und küßt und tröstet sich jedweder
in diesem Augenblick: gewonnen drei zu zwei!

FRANZ BECKENBAUER

Der Hubschraubertrick

Ostern 1977. Dreimal hatte ich schon das Cosmos-Angebot ausgeschlagen und immer noch waren wir miteinander im Gespräch. Ich konnte mich einfach nicht entscheiden. Jetzt lud die Warner-Communication, denen Cosmos gehört, nach New York zu Gesprächen ein. Mit Manager Schwan flog ich rüber. Wir verhandelten, ich zögerte, wollte und wollte nicht. Schauen wir uns doch mal New York an, sagten sie und flogen uns im Hubschrauber an einem schönen klaren Tag über die Stadt. Wenn man aus München kommt, wo die Häuser halt doch ein paar Stockwerke niedriger sind, ist man von der Skyline total überwältigt. Ich sagte noch im Hubschrauber Cosmos zu.
Als sie bei Cosmos drei Jahre später den Hennes Weisweiler wollten und er sich nicht entscheiden konnte, flogen sie ihn mit dem Hubschrauber...
Er sagte noch im Hubschrauber zu.

DIETER PUDENZ

Fünfziger Jahre

Sonntags Fußballplatz.
Stadion am Riederwald, im Osten der Stadt.
Oberliga-Zeiten. Noch keine Pfründe für Profis.
Nummer 10: Alfred Pfaff. Ein Gastwirt, der
aus dem Stand das Spiel der Eintracht lenkte.

Montags Schule.
Lessing-Gymnasium, altsprachlich.
Non scholae, sed vitae discimus.
Zaghafte Versuche, Antikes zu begreifen.
Die RUNDSCHAU lobt Pfaff, der KICKER auch.

Dienstags Kino.
Roxy, Rasiersitz, eine Mark für Reihe 1 bis 3.
Western Marke Hollywood mit Randolph Scott.
Rührende Cowboy-Geschichte. Kugeln, Pferde.
Eisenbahnen und ein kastanienbraunes Knacki.

Mittwochs Fußball-Training.
Spielvereinigung 05 Oberrad, ein kleiner Vorstadt-Klub.
Aussichtslose Versuche, Alfred Pfaffs Pässe
oder Helmut Rahns Tore zu kopieren.
Aber ganz weiße Stutzen – wie Real Madrid.

Donnerstags Kino.
Endlich die neue Wochenschau.
Fitzel von Fritz Walter, Juan Manuel Fangio,
Sugar Ray Robinson oder Alfredo di Stefano.
Danach die Kulturfilm-Bremse.
Mythos Afrika oder Schönheit des Alpenvorlands.
Warten auf Lollo-Weiten.
Oder auf Jimmy Dean. East of Eden.

Freitags Straßen-Meisterschaft.
Treffpunkt Trümmergrundstück. 23 mal 52 Meter.
Kleine Tore, von Pullovern begrenzt.
Lehrlinge demütigen Oberschüler.
Goethe hilft im Zweikampf nur bedingt weiter.

Samstags Schule, Fußball und Kino.
Volles Programm von 8 bis 18.
Morgens Pythagoras, Karl der Große und das Ohm'sche Gesetz.
Mittags Oberrad gegen Niederrad.
Abends Eddie Constantine, Elvis Presley und Brigitte Bardot.

Sonntags Kirche und Fußball.
10 Uhr: Hochamt im Kaiserdom.
15 Uhr: Bieberer Berg in Offenbach.
Die Kickers walzen den Gegner nieder.
Nummer 5: Hermann Nuber. Ein Metzger, der
zeigt, warum der Stopper Stopper heißt.

AXEL THORER

Abseits bei Idi

Man kann über Idi Amin sagen was man will – er war immer ein Sportsfreund. Nicht von ungefähr zählten die Faustkämpfer seiner Zeit zu den besten Afrikas, und in seiner Ära sprintete John Akii-Bua zur bisher einzigen Goldmedaille Ugandas.
Aber es soll nicht vom Boxen und dem 400-m-Hürdenlauf die Rede sein, sondern vom Fußball.

Ich lag eines Nachmittags auf meinem Zimmer 110 im vierten Stock des Hotels »International«, bereitete mich auf ein zweites Interview mit dem dicken Diktator vor, goß mir Schnaps der Marke »Waragi« ein (gängiger Slogan: »Fünf Stück und Sie sind tot«) und träumte von Mary, die vor nicht allzu langer Zeit gegangen war.
Da klopfte es. Eigentlich war es mehr ein Hämmern, denn die Türfüllung drohte aus dem Rahmen zu bersten, und eine dunkle Stimme schrie, jede Silbe gebrochen Englisch betonend: »O-pen, Ar-my.«
Das ist nie ein gutes Zeichen, weder in Uganda noch in der Sowjetunion, und eigentlich der Moment, wo man sich dezent aus dem Fenster zu stürzen hat. Aber ich fühlte mich unschuldig, hatte nichts Unrechtes getan (außer »schwarz«

Geld gewechselt), war noch am Morgen in Idis Büro gesessen und sollte anderntags zum Interview erscheinen.

Ich öffnete.

Vier Mann in Camouflage-Anzug, die Maschinenpistolen, mit denen sie gepocht hatten, quer vor der Brust, stürmten ins Zimmer und einer schrie: »You come!«

Ich deutete auf mein Gepäck und fragte schüchtern: »Zahnbürste? Schlafanzug? Gefängnis?«

Komisch, was einem so in den Sinn kommt an Kino-Weisheit und Roman-Erfahrung in solchen Momenten.

Aber der Anführer der Truppe schob mich mit dem Kolben seiner MP in Richtung Tür und brüllte: »You no need. You come.«

Verzweiflung packte mich, und ich unternahm einen Versuch, den Telefonhörer in die Hand zu bekommen, um wenigstens die deutsche Botschaft zu informieren. Aber sie zerrten mich weg und über den Flur zum Fahrstuhl.

Ein Schauspiel erster Ordnung für die Einheimischen und Ausländer im »International«: Wie sie den »Musungu« (das Bleichgesicht auf Suaheli) in den Lift preßten, so daß die übrigen Passagiere flüchteten; wie sie ihn durch ein Spalier atemloser Stille durch die Lobby führten und draußen in der Auffahrt auf einen Jeep zwangen, zwischen zwei Soldaten auf den Rücksitz. Wie sie davondonnerten, vermutlich auf Nimmerwiedersehen.

Ich hatte Angst im Bauch und gespannte Erwartung im Kopf: In 48 Stunden sollte der englische Lehrer Dennis Hill hingerichtet werden, weil der ugandische Geheimdienst die Kopie eines Manuskriptes gefunden hatte, in dem Hill seinen obersten Dienstherren als »Popanz« und »Operetten-Diktator« bezeichnet hatte.

Wegen Hill war ich nach Kampala gekommen. Und so überfiel mich die Hysterie leichter, daß es ihnen, wenn sie schon einen Briten umbringen, auf einen Bundesdeutschen auch nicht mehr ankommt. Uganda schwirrte mit Gerüchten, Ausländer waren »outcasts« und die Armee so nervös, daß das Leben keinen geregelten Lauf nahm in diesen Tagen. Weiß Gott, was da geschehen mochte, und wo, zum Teufel, brachten sie mich hin?

Es wurde eine lange Fahrt. Den Hotelhügel hinunter, am berühmten Glockenturm vorbei, am Bahnhof mit den Zügen in die Freiheit im Osten, und durch das »rush hour«-Gewühl der Hauptstadt, das Ampelrot mißachtend und von den Kreuzungspolizisten schnell weitergewunken. Solche Transporte waren eben keine Seltenheit damals unter Idi.

Es ging hinaus in die nordwestlichen Vororte, wo die Bananenhaine und Baugruben begannen, die asphaltierten Straßen lehmbedeckt waren und die Leichen im Dschungel verschwanden, wenn man der Exil-Propaganda Glauben schenken durfte.

Und dann hörte ich es – ein dumpfes Röhren von vielen tausend Menschen auf engem Raum. Jener unverwechselbar beängstigende Sound, bei dem sie in Santiago de Chile dem Barden Victor Jara die Hände zerschmettert und in Dacca die pakistanischen Hiwis im Krieg gegen Bangladesh abgeschlachtet hatten – das Röhren des Mob im Stadion.

Es wurde stärker mit jedem Meter, mit dem wir uns näherten. Die Arena mußte ausverkauft sein, oder – was wahrscheinlicher war – auf Zwang gefüllt. Ich sackte noch tiefer in mich zusammen: Richten sie mich öffentlich hin? Kam ich vor ein Volkstribunal vieler Tausender? Benützten sie mich als »Christen« in ihrem Circus maximus, als »Gallier« ge-

gen die Gladiatoren Idi Amins? Erlebte ich »Bananen et circenses«?
Da kam das Stadion in Sicht und die Soldaten rundherum. Ein kleines Flügeltor neben der Haupttribüne öffnete sich, Menschen sprangen aus dem Tunnel, und der Jeep raste aufs Spielfeld.
Die Zuschauer rissen die Arme hoch, sprangen auf, verzerrten die Gesichter und holten tief Luft für neue Schreie.
Man achtet auf solche Details in den letzten Minuten.
Der Jeep drehte eine volle Runde, schleuderte um die bespannten Tore und blieb nach einer Bremsung, die mir endlos lange vorkam, vor der Haupttribüne stehen. Meine vier Begleiter stießen mich vom Wagen und in die Arme von Zweien, die auf der Aschenbahn gewartet hatten. Sie packten meine Arme, schoben mich in Richtung Aufgang, und dann verschluckte mich das Dunkel des Tribüneninneren.
Was immer auch mit mir geschehen sollte – das Vorspiel dazu fand ganz offensichtlich auf den besten Sitzen des Stadions statt. Vielleicht der kurze Prozeß, den sie vor der Hinrichtung inszenieren wollten.
Ich sah das Ende des Tribünenaufganges über mir wie das helle Viereck einer Luke. Wurde hinausgestoßen in die gleißende Sonne, stand geblendet vier Meter über dem Boden und hörte lautes Schnarchen. Die Menschen hatten aufgehört zu brüllen und in die Schlafgeräusche quakten Funkgeräte.
Vor mir lag auf zwei Stühlen Idi Amins Chef-Schlächter Nassur Abdallah, der Gouverneur der Zentralprovinz in Kampala-Entebbe. In dunkelgrüner Uniform ohne Insignien, an jedem Handgelenk eine goldene Uhr und bestückt mit vier Walkie-Talkies, deren Antennen ihm aus zwei Ho-

sen- und zwei Brust-Taschen lugten und die Sicherheitslage durchkrächzten.

Meine zwei Bewacher weckten ihn vorsichtig, bis er blinzelte, und dann erhob er sich, reckte knackend die Glieder, beugte sich zu mir herunter und rief: »Willkommen im Stadion! Seine Exzellenz Idi Amin Dada lädt Sie ein, den guten Fußball Ugandas zu erleben. Bitte, nehmen sie Platz und stören Sie nicht.«

Da merkte ich, daß ich einem der grausamen Scherze des Diktators aufgesessen war, denn tatsächlich hatte ich ihm gegenüber am Morgen beiläufig erwähnt, es sei so langweilig in Kampala, ob ich nicht mal ein Spiel der ersten Liga erleben könne – und da liefen sie schon ein: in Gelb die »Simbas« (die Löwen) und in Rot die »Elefanten«. Die Elf der Gefängnisverwaltung kickte gegen die Armee, also die, die Dennis Hill in ihrer Gewalt hatten, gegen die, die ihn hinrichten würden. Und das 48 Stunden vor der angekündigten Vollstreckung.

Ein makabres Match mit Aminschen Regeln. Nassur Abdallah war bald wieder eingeschlafen, ehe ihn ein überlauter Funkton weckte, da zog er viele kleine Tüten mit Nüssen aus einer seiner nicht mit Walkie-Talkies belegten Taschen und reichte uns ein paar rüber.

Von Zeit zu Zeit sprang er hoch und brüllte über das Spielfeld: »Off side.«

Sofort pfiff der Schiedsrichter das befohlene Abseits und der Gegner erhielt den Ball – ganz gleich, ob der Torwart ihn gerade abwerfen wollte, einer einen Eckstoß ausführte oder zwei an der Mittellinie herumtändelten. Nassur Abdallah bestimmte die Regeln, und der Mann in Schwarz war klug genug, nicht auf den FIFA-Bestimmungen zu beharren.

Ich weiß nicht mehr, wer schließlich als Sieger vom Platz ging. Sicher die Armee, die das Sagen im Lande hatte. Ich weiß nur noch, daß ich so euphorisch war, daß ich meine unfreundliche Eskorte mit Handschlag begrüßte, zur Höflichkeit einem Gast Idi Amins gegenüber ermahnte, wie ein Staatsbesucher in den Jeep stieg und sie in barschem Ton aus der Hotelhalle wies, als sie mir folgen wollten.
So rettete ich einen Teil meines Prestiges, das bei der Abholung verlorengegangen war. Deutlich sah man den Vieren an, daß auch sie mit meinem Ende gerechnet hatten und nicht mit einem Fußballspiel.
Die Folgen?

Idi Amin wurde gestürzt und fristet heute ein armseliges Leben in lybischem Exil. Nassur Abdallah lieferten die Kenianer an die neue Regierung Ugandas aus, nachdem er mit Familie und zwölf Lastwagen geflüchtet war; während ich dies schreibe, sitzt er in der Todeszelle. Und meine eigenen »Löwen«, die meines Lieblingsclubs 1860 München, wurden vom eigenen Vorstand waidwund gewirtschaftet.
So richtig glücklich ist also eigentlich nur Dennis Hill, für den die britische Regierung in letzter Sekunde intervenierte, so daß er ausgeflogen wurde und heute als freier Mann in Birmingham lebt.
Aber er interessiert sich nicht für Fußball, und ich habe seitdem auch kein ugandisches Spiel mehr gesehen. Die Lust ist mir vergangen.

THOMAS REIMER

Roter Vogel, Linker Saubär Oder: Ein jedes Ding hat seine Zeit

Der Abend des ersten Juni 1978 in Buenos Aires war in jeder Hinsicht kühl. Diesen Abend verbrachten die Herren Reporter Klein (Sport NDR), Huberty (Sport WDR), und Reimer (Politik SWF) bei »Zi Teresa«, einer Trattoria in der Avenida Cordoba. Hubertys milde Versuche in Galgenhumor verwelkten still in einer Runde, die man getrost als zurückhaltend bezeichnen durfte.

Huberty hatte das WM-Eröffnungsspiel Deutschland–Polen kommentieren dürfen (müssen?), dem die Attribute armselig, tölpelhaft und kläglich nachgerade schmeichelten. Fritz Klein hatte sich in die Mesalliance einer Koreportage mit einem Politmenschen eingelassen und anschließend ein graues Interview mit einem nichtssagenden Bundestrainer Schön geführt, und Reimer war sich an diesem Abend überhaupt nicht sicher, ob es richtig gewesen war, die Erwartungshaltungen von Millionen Zuschauern daheim und der betroffenen Regierung gegen den Strich zu bürsten. Schließlich waren die Eröffnungsfeierlichkeiten – gemeinhin die publizistische Bühne für sotto voce vorgetragenes Lob und verblasenen Weihrauch – an diesem Tag – etwas schriller als gewohnt – für Kritik an der Handhabung der Menschenrechte im Gastgeberland genutzt worden. Was Wunder, daß die

Stimmung in der abendlichen Runde zwischen dröge und trist dümpelte.
Was mir deutlich in Erinnerung ist: alles das »Vorher«, »Während« und »Nachher« bewegte sich in einem seltsam unwirklichen Rahmen, nein, kein Rahmen, konturlos wie im Nebel, ungreifbar, oft kam ich mir wie eine Unperson vor. Wo ich Anlehnung suchte, als ich sie brauchte, sackten die kollegialen Mauern wie Pappmaché im Sommerregen in sich zusammen; wo ich Gespräch suchte, gingen die Runden still auseinander. Die klarste Auseinandersetzung fand später im Fernsehausschuß statt, wo die Rede von »Sendungsbewußtsein«, »Ausgeliefertsein des Zuschauers«, »Aufdrängen einer Meinung« und »falschem Zeitpunkt« war, aber das geschah schon viele Wochen später.
Nicht ohne grummelnden Widerstand der Sportkollegen hatte mir Fernsehdirektor Felix Schmidt den Auftrag gegeben, die WM-Eröffnung mitzukommentieren. Wie, was, wann blieb zunächst offen und blieb lange Zeit offen. Schließlich gab es am Vortag der Eröffnung die erste und einzige Einsatzbesprechung, auf der kein Mensch präzise sagen konnte, ob die Feier nun zwei Minuten oder 75 Minuten dauern sollte, oder gar, was nun genau passieren würde.
Am nächsten Tag hüpften hübsche Mädchen und sehnige Burschen über den Rasen – und mein Kommentar beschäftigte sich mit ganz anderen Dingen. Die audio-visuellen Widersprüche waren körperlich spürbar. Ganz deutlich ist mir ein Mensch aus irgendeiner Regiezentrale in Deutschland gegenwärtig, der mit einer von Inbrunst bebenden Stimme durch den Kopfhörer raunte: »Bitte, sprechen Sie etwas lauter«, und es war sehr deutlich, daß er etwas ganz anderes meinte, es war, als ob er mich dröhnend beschwö-

ren wollte: »Mann, hör bloß mit dem Politscheiß auf, die Volksseele kocht hier über.«
So war es denn auch gewesen. Es kam, die wenigsten habe ich gesehen, eine Flut von Protestbriefen. Telefonistinnen sind laut BILD wegen der Telefonanrufe (roter Vogel, linker Saubär) weinend zusammengebrochen. Die volksnahe Presse pflichtete der vox populi frohgemut bei. Froh, dem Fernsehen – in Übereinstimmung mit dem gesunden Volksempfinden – wieder mal mutig was beibiegen zu können (BILD: Langeweile und Proteste; WELT: eine Welle der Empörung; HÖR ZU: rote Karte für Reporter), Kollege Maître (WELT AM SONNTAG) verbreitete sich darüber, was alles hätte *auch* gesagt werden müssen: die Inflationsrate, die Guerillas, die Führungslosigkeit vor dem Militärputsch in Argentinien, nur, wie das so ist, das war alles gesagt, aber überhört worden, wie überhaupt, mit dem Mut des Daheimgebliebenen und aus der sicheren Distanz des dazwischenliegenden Atlantik andererseits zu hören war: der Kommentar sei pflaumenweich gewesen. Im nachhinein betrachtet war er in der Tat, wie man damals so sagte, ausgewogen und vor allem wasserdicht. Denn alles, was ich gesagt hatte, stammte aus im Lande überprüfbaren Quellen, den Zeitungen und der Regierung selbst: Ich zitierte Verhaftungslisten, die mir der offizielle Regierungssprecher in die Hand gedrückt hatte (ich habe sie heute noch), ich zitierte die bedauernswerten Mütter der Verhafteten und Verschwundenen, die auf dem Platz vor der Casa Rosanda noch heute ihre beschämenden Runden drehen, und ich zitierte Appelle an den Staatspräsidenten, die in den Zeitungen veröffentlicht waren, sowie Berichte über Verhaftungen durch unbekannte Rollkommandos. Amnesty International zitierte ich vorsichtshalber

nur ein einziges Mal – im Zusammenhang mit verschwundenen Deutschen – denn es galt zu jener Zeit in jenem Land als subversiver Arm des subversiven KGB. Nicht allein dort, denn als ich selbst vor eine Art Vormundschaftsgericht jener deutschen Weltfirma zitiert wurde, bei der sich die beiden deutschen Fernsehkanäle einquartiert hatten, verfing während der Verhandlung auch mein Hinweis nicht, daß Amnesty in der Sowjetunion als subversiver Arm der subversiven CIA gelte. Auf jener denkwürdigen Sitzung wurde mir auch bedeutet, niemals mehr allein auf die Straße zu gehen ... es bestünde sonst die Gefahr ... man wisse ja ... alles so unkontrolliert ... niemals allein essen gehen ... zwar fühlte ich mich in dem, was ich gesagt hatte, wenigstens teilweise bestätigt, aber in jener Zeit gestaltete sich die Suche nach Gesellschaft so schwierig wie frustrierend.
Inzwischen drohte Ausweisung, Hakenkreuze wurden auf Studiotüren gemalt, es gab Rundfunksendungen gegen »die Deutschen«, die keiner gehört hatte, die aber weitergereicht wurden. Fritz Klein war längst in die Abgeschiedenheit von Ascochinga entrückt und dort angeblich interniert, in Buenos Aires selbst war alles irreal, jede Information kam mit einer Verzögerung von 2–3 Tagen aus Deutschland zurück, angereichert mit Transformationen, es wurde gemunkelt und gerätselt. So wartet man ab, ich fand Rückhalt bei Freunden und Trost bei Teamchef Rudi Michel, einem wahrlich strammen Konservativen, dem der Kommentar zwar auch überhaupt nicht geschmeckt hatte, der darüber aber seine kollegiale Form nicht verlor und tröstete: »Wir lassen den Hochmut nicht sinken.« Und da war noch Hanns Joachim Friedrichs vom ZDF, dem wegen ähnlicher politischer Anmerkungen die publizistischen Fetzen um die Oh-

ren flogen, und dieser Kollege ging dann mit essen und jener ließ mir heimlich die Nachricht zukommen, er habe das Ganze gut gefunden. Wohltaten in der Wüste, denn Zuspruch braucht der Mensch, wie der Dürstende das Wasser. Eines Abends kam mir Udo Lattek auf der Straße entgegen: Gratuliere, Reimer, der erste Tag, an dem nichts über Sie in der Zeitung steht. Am nächsten Tag kam ein Gespräch mit dem Regierungssprecher Ruben Oscar Franco (Konteradmiral) und Präsidialsprecher Hector de Pirro (Kapitän zur See) zustande. Ein bizarres Gespräch, denn ich beharrte auf allem, was ich gesagt hatte – er sagte, Argentinien befinde sich im Kriegszustand, so stimme es schon, was da gesagt worden sei, aber wo gehobelt würde, müßten bedauerlicherweise auch Späne fallen. Aber Argentinien sei stolz darauf, daß jeder frei seine Meinung sagen könne und zum Schluß gab's – lateinamerikanisch – eine Umarmung und dann grüßten auch die argentinischen Kollegen wieder; vor dem Gespräch wußten sie ja wirklich nicht genau, ob sie es nicht doch mit einem Guerillero zu tun hatten.

Jahre später. Die Vorwürfe lauteten damals: »Vermengung von Sport und Politik«, »Erwartungshaltung nicht erfüllt«, »Sendungsbewußtsein«, »der Zuschauer ausgeliefert«, »nicht der richtige Zeitpunkt«. Im Text des argentinischen Staatsfernsehens hieß es damals unter anderem: »Von dieser Bühne aus werden wir ein glückliches blühendes Argentinien zeigen.« Staatspräsident Videla sagte in seiner kurzen Ansprache: »Willkommen in diesem Land des Friedens, der Freiheit und der Gerechtigkeit...«
Lernfragen: Ist das keine Politik im Palast des Sports? Welche Erwartungen wurden außerdem nicht erfüllt? Wer ver-

breitete außerdem Sendungsbewußtsein? Wer ist außerdem wem ausgeliefert?

Was ist denn passiert? Das Fernsehen hat zum ersten Mal den politischen Regisseuren ein scheinheiliges Sportschauspiel verpatzt, mit dem sie sich gerne anders gezeigt hätten als sie waren. Warum, um alles in der Welt, muß der Journalist und mit ihm der Zuschauer, jeder verlogenen Propagandaveranstaltung zuklatschen – weil es immer schon so gemacht wurde?

Und wenn es denn schon um die hehre Heiligkeit des Fußballs urbi et orbi geht: haben uns seine Täter nicht oft genug gesagt, daß es nur um sie geht, um sie selbst und ihren Marktwert?

Schließlich Olympia – und nur diese beiden sportlichen Großveranstaltungen kommen ja in Frage – Olympia mit seiner boden- und schamlosen Vermarktung, seinen wunderlichen Anabolikaathleten, seinen skurrilen Mannweibern, seinen lächerlichen Zwitterfiguren und Dopingaffären, seiner Luft im Hintern und seinen albernen Betrügereien, all das zum größeren nationalen Ruhme... als dem Olympiabären Mischa im Leninstadion die verlogene Träne über die Wange tropfte, wäre ich gerne dabeigewesen, hätte über Irrenanstalten und Ausweisungen, über Verbannung und Afghanistan geplaudert, aber, man wird nicht zu jeder Party gebeten. So ist es kein Wunder, daß ich für den Boykott war, auch, wenn ich damit nicht mit denen allen übereinstimmte, die damals in Argentinien zustimmten. Warum vor Imperialisten und Menschenschindern einen Kotau machen – gerade vor denen, die das Mittel des Sportboykotts zum selbstverständlichen Instrument der Politik gemacht hatten? Ich kann, die Betroffenen mögen es verzeihen, für

ein paar hundert Sportler, die sich nicht präsentieren durften, kein Mitleid erübrigen, denn viel zu viele haben sehr viel mehr opfern müssen.
Unvergeßlich die zum Hitlergruß emporgestreckten Arme ausländischer Sportler in Berlin, 1936, und sage mir keiner, der Führer habe diese Geste der Anbiederung nicht als Zustimmung empfunden.
Deshalb: Der Zeitpunkt war richtig. Ein jedes Ding hat seine Zeit, gerade ein politischer Kommentar.

HANNS DIETER HÜSCH

Auf dem grünen Feld der Ehre

Neulich las ich, na, es ist schon einige Wochen her, aber solche Dinge sind ja zeitlos, ich las also:
»Leib und Leben von Trainer Groß in Gefahr!«
Nanu, dachte ich, ist es schon so weit!? Wenn Beinhart Diepholz verliert, hat Großens letzte Stunde geschlagen. Nun, inzwischen liegt diese Stunde ja schon hinter ihm, Trainer Bangemann hat jetzt Oberwasser.
Ich bin froh, daß ich kein Fußballtrainer bin, da müßte ich ja immer mit einer Leibwache querfeldein rennen, zumal auf unseren Plätzen schon geschossen wird und die Spieler arteigene Kameraden anfallen.
Wer nie das Brot von Trainern aß, weiß nicht, wie Pfiffe schmerzen.
Was nützt es da schon, wenn die Spieler vor dem Spiel erklären, wir stehen hinter Ihnen, Herr Trainer. Schließlich gibt es ja noch den Kassierer, den Vorstand und die Gegenkräfte. Gegenkräfte innerhalb des Vereins erschweren die Position des Trainers ultimativ, na, und dann gibt es ja auch noch den Oberbürgermeister, hinter dem man sich verstekken kann, den man vorschicken kann, bis ins Trainingscamp.
Wenn 1870 Schwabelweiß so weitermacht, muß sich Herr

Klein eine Panzerweste kaufen. Herr Lampert von Niedertracht Frankenheim begibt sich bereits mutig in die aufgebrachte Menge und versucht es mit einer Diskussion. Neulich brachte er die Leute so weit, daß sie sich entschuldigten, ihm sogar zuletzt die Hand gaben und zitternd sagten: Bleiben Sie in Frankenheim, die Niedertracht braucht Sie, gehen Sie bitte nicht zurück nach Neu-Delhi.

So ein Trainer hat's nicht leicht. Und wenn wir erst einmal bei der Weltmeisterschaft in Spanien schlecht abschneiden, dann erhebt sich der Zorn eines ganzen Volkes gegen Jupp Derwall. Der arme, arme Mann.

Jeden Montagmorgen, wenn ich wach werde, frag ich mich zuerst: Was mag Jupp Derwall jetzt wohl denken? Hat er sein Fazit vom vergangenen Wochenende gezogen, zieht er es noch, zieht er es überhaupt? Wird er jetzt die Sturmspitzenmisere bewältigen? Die sind ja so so sensibel, die Herren von der Sturmspitze!

Ich würde die ja einfach fragen: Karlheinz Rummenigge, bist du bereit und willens, nicht nur für den FC Bayern, sondern auch für die deutsche Nationalelf wieder deine Knochen zur Verfügung zu stellen, so antworte laut und deutlich mit JA. Jeden Montagmorgen zermartere ich mir den Kopf: Hat Hrubesch seine Zehengeschichte überwunden? Vermag Franz Beckenbauer als Libero noch zu überzeugen? Kann Breitner seine Topform weiterhin halten? Usw.

Jeden Montagmorgen stehe ich dem Bundestrainer mit diesen Fragen zur Seite.

Wenn dann jemand zu mir kommt und mich fragt, ob ich denn nun schon das neue Stück von Thomas Bernhard gesehen habe und was ich insgesamt gesehen von Max Frisch halte und wie ich die letzte Kritik von Marcel Reich-Ranicki fände und ob das Benn-Bild von Wellershoff wohl in allen Punkten zutreffend sei und die Josef-Beuys-Ausstellung auch in die Provinz komme, und ob die Minimal-Art wohl ein Endprodukt von dem und dem sei? – dann –

– dann kann es vorkommen, daß ich mit meinem ganzen Fliegengewicht kontere und kundgebe, daß ich im Moment stark mit unseren Sturmspitzen beschäftigt bin, worauf mein Visavis das zunächst wohl für eine neue avantgardistische Zeitschrift hält, dann aber – weil ich schon etwas an ihm vorbeigucke – doch stutzt und nicht so recht weiß, was los ist, aber dennoch mutig fortfährt und sagt: das neue Stück von Thomas Bernhard hat den Titel »Am Ziel« – wie findest du das?

Finde ich kurz und gut, sage ich, aber hast du mal eine Flanke von Rummenigge zu Fischer gesehen? Der springt im Spagat in den Ball und Tor!

Nein, habe ich nicht gesehen, sagt mein Gegenüber nicht gerade verächtlich, aber doch betroffen, so mit jenem leisen Ausdruck, der besagt: Hab gar nicht gewußt, daß du unter die Banausen gegangen bist.

Ich kann dir sagen, sage ich, ich kann dir sagen, der Kalle, sagenhaft – sagenhaft! Ich liege abends, bevor ich einschlafe und kann mich darüber nicht beruhigen! Hast du das mal gesehen, wie der Kalle vier Leute stehend ausspielt und mit dem Paul einen Doppelpaß spielt und den Ball am Keeper vorbei in die lange Ecke schiebt?! Das ist Weltklasse, einsame Spitze, du!

Wollen wir ein Bier trinken?

Nein, danke, sagt mein Gegenüber. Thomas Mann hat einmal gesagt –

– Einfach sagenhaft! Ein Modellathlet!
Wer?
Der Briegel.
Aber sag mal, das sind doch alles ganz bedauernswerte Menschen. Ich weiß nicht, wie du – ausgerechnet du – wie du – deren Gesprächsstoff ist doch nur Fußball und sonst gar nichts! Genau wie wir, sage ich. Wir quatschen doch auch nur über Kunst und sonst gar nichts!
Aber Kunst IST ja schließlich, sagt er.
Natürlich, sage ich, Kunst IST ja schließlich. Aber die Flanke vom Briegel in der ersten Minute und der Paul knallt sie an die Latte, der Ball springt zurück, Hrubesch köpft ein. Und das in der ersten Minute. Da hatte ich schon kalte Finger, da mußte ich mir schon den Kragen aufmachen. Und so ging das weiter – 90 Minuten.
Was hätte man in der Zeit alles lesen können, sagt mein Gegenüber und erhebt sich: Also ich erkenne dich gar nicht wieder, sagt er, oder vielleicht hab ich dich nie gekannt, oder – oder – hoffentlich sackst du nicht so weiter ab.
Also, sage ich, ich mache dir einen Vorschlag: wenn wir nicht Weltmeister werden, dann machen wir einen Trakl-Abend, das verspreche ich dir.
Hoffentlich, denn schließlich IST Kunst ja doch.
Ja, ich weiß, sage ich, Kunst IST schließlich. Und wenn wir Weltmeister werden, dann machen wir zwei Trakl-Abende.
Worauf er sichtlich erleichtert, aber doch ziemlich verstört davonschreitet.
Sicher denken wir beide dasselbe:
EIN ARMER HUND!

REINHARD WALDENBERGER

David schlägt Goliath

21. Juni 1978, 19.23 Uhr – zu diesem Zeitpunkt waren die meisten Straßen und Gassen in Österreich menschenleer, genau zu diesem Zeitpunkt jubelten Millionen von Österreichern vor den Fernsehschirmen und Radiogeräten, genau 23 Minuten nach 19 Uhr knallten auch bei vielen rotweißroten Fans die Sektkorken: Hans Krankl erzielte in dieser 88. Matchminute beim WM-Gruppenspiel gegen die Bundesrepublik Deutschland in Cordoba das 3:2. Nach 47 Jahren der erste Sieg gegen den »großen Nachbarn«.
Das »Tor, Tooor, Tooooor, Tooooor« und »I werd' narrisch«, schrie nicht nur der populäre Radio-Reporter Edi Finger via Äther nach Österreich, auch der kleine Mann und die Prominenz ließen auf diese und ähnliche Art Emotionen frei: vom Herrn Novotny bis zum Generaldirektor, von der Frau Maier bis in die Regierungsspitzen, vom fußballbegeisterten Enkel bis zum Opa, dem sonst eher zurückhaltenden Herrn Hofrat. Auch die Pfarrer ließen es sich nicht nehmen, ihr »Vergelt's Gott« zum Himmel zu stoßen. Einige wollten sogar wissen, daß sich auch der österreichische UNO-Generalsekretär Dr. Kurt Waldheim zu einem Sonderapplaus hinreißen habe lassen. Ganz sicher triumphierte auch die Sport-Prominenz: Von den Skitopstars Franz Klammer über

Annemarie Moser-Pröll bis zu Skiflug-Weitenjäger Toni Innauer. Auch Ex-Formel-Eins-Weltmeister Niki Lauda vergaß für einige Minuten seine »Lauda-Air«.
In einem Wiener Heurigenlokal genehmigten sich die ehemaligen Wunderteamspieler Schramseis, Zischek, Adamek, Reisinger und Smistik ein Vierterl. Sie waren 1931 bei Österreichs 5:0 über Deutschland in Wien dabeigewesen. Neben dem Alkoholkonsum stieg auch der Nikotinverbrauch, nach dem Motto: »Jetzt hab'n ma uns aber an Zug am Zigaretterl verdient!«
Plötzlich fachsimpelten nicht nur die sogenannten Experten, sondern auch jene, denen das runde Leder gar nicht soviel bedeutete. Jetzt war jeder »in«, der einen Krankl, Prohaska, Koncilia, Jara oder Pezzey kannte, der wußte, daß Krankl nur mit dem linken »Pratzerl« schoß und der Prohaska wegen seiner Haarpracht nur »Schneckerl« gerufen wird.
Eine ganze Nation im Fußball-Fieber, im Sieges-Rausch. Das von Max Merkel angekündigte »Begräbnis« fand nicht statt. Keine Red' von einer »Leich« – Österreich lebte, machte sich kräftig bemerkbar: »David schlägt Goliath«, »Lehrspiel gegen den Weltmeister«, »O Du mein Österreich, wir danken Dir« – so und ähnlich lauteten die Schlagzeilen in den heimischen Zeitungen.
In einem Lokal in Niederösterreich verlor ein Österreicher gegen seinen Freund eine Wette: Weil Deutschland nicht gewann, mußte er splitternackt über eine belebte Straße laufen. Im oberösterreichischen Innviertel mußte ein »Verlierer« unter dem Grenz-Schlagbaum nach Deutschland robben, im Zillertal beging ein deutscher Urlaubsgast Selbstmord, weil ihn die überschwenglichen Österreicher ununterbrochen »häckelten«.

Hektik brach in den Zeitungsredaktionen aus. Der unerwartete Sieg über den noch regierenden Fußball-Weltmeister Deutschland mußte auf einmal noch größer »gespielt« werden. Der alte Bleisatz mit dem schon gesetzten Titel wanderte in den Korb, in noch größeren Lettern sollte die »Einserseite«, das Titelblatt, das Glanzstück der Zeitung, erscheinen. Die Chefredaktion erhöhte sofort die Auflage – der Österreicher, für den das »mir habn gewonnen« entscheidend war, war im Siegestaumel.
Auch zwei Tage später, als die österreichische Nationalmannschaft nach fast dreißigstündiger Flugreise von Buenos Aires über Rio de Janeiro, Paris und Frankfurt in Wien-Schwechat ankam, war von einem Abflauen der momentanen Begeisterungswelle nichts zu merken: Tausende enthusiastisch feiernde Anhänger begrüßten mit Sprechchören und Jubelgesängen Krankl und Co.
Auf extra angefertigten T-Shirts prangten die Konterfeis der »Helden von Cordoba«, Krankl, Prohaska, Koncilia usw., auf einem Transparent war sogar zu lesen: »Himberg grüßt den BRD-Killer!«
Nur die Kurverwaltung von Velden am Wörthersee dürfte sich über den Sieg Österreichs über Deutschland nicht allzusehr gefreut haben: Vor dem »Prestigematch« ersuchten die Kärntner in einem Fernschreiben nach Argentinien Senekowitsch und seine Mannen, das deutsche Fußballteam »fremdenverkehrsfreundlich« zu behandeln. Kärnten lebe nämlich von den deutschen Gästen, sie sollten nicht vergrämt werden...

WERNER SCHNEYDER

Von Helden und Künstlern

Notizen zu den Wesensunterschieden zwischen deutschem und österreichischem Fußball

Von der Optik können wir – jedenfalls auf den ersten Blick – nicht ausgehen. Seit selbst der österreichische Berufsfußball keine dickbäuchigen Menschen mehr mitschleppen mag, und seit die deutsche Sportartikelindustrie die ganze Welt in ihre scheußlichen Einheitstrikots gezwungen hat, sehen deutsche Fußballer wie österreichische aus, und umgekehrt. Es bringt uns auch die Analyse der Spielanlagen nicht weiter. Sehr wohl aber die der psychologischen Grundlagen. Zunächst erkennt ja die gesamte zivilisierte Sportwelt identische technische und taktische Prinzipien und Ausbildungsmethoden an. Und doch: Welche Differenzierungen entstehen über den seelischen Bereich. Der deutsche Fußballer läuft auf das Feld, um den Gegner zu besiegen. Der Sieg ist dann der Lohn für eine Leistung, die Niederlage eine Schande, deren Ursachen man wird erkennen und bekämpfen müssen. Der österreichische Fußballer hat, wenn er auf das Feld läuft, den Gegner längst besiegt. Er muß es nur – lästigerweise – jetzt noch 90 Minuten lang nachweisen. Ein Sieg ist also eine logische Erfreulichkeit, eine Niederlage einfach ein Unglück. Die Diskussion geht dann nicht um die Gründe der Niederlage, sondern darum, ob man soviel Unglück verdient hat oder nicht.

Die Leistungen des deutschen Fußballers sind immer eher aktive, die des österreichischen Fußballers immer eher passive. Ich meine das so:
Ein deutscher Fußballer »überläuft« drei Mann, »spielt sich« durch drei Mann »durch«, »spielt« sie »aus« usf. Das heißt: Er ist die handelnde Person, er macht es, er bringt es. Der österreichische Fußballer »läßt« drei Mann »aussteigen«, »läßt« sie »ins Leere laufen« oder überhaupt »stehen«. Das heißt: Es agiert eigentlich der Gegner, der nur hilflos den magischen unwiderstehlichen Tricks ausgeliefert ist. Der deutsche Fußballer zeigt seinem Publikum freudig und gerne, daß er es sich leisten kann, geradezu aus Lust noch mehr zu laufen, als es der Spielablauf (bei genauer Analyse) erforderte. Der österreichische Fußballer will vom Urbeginn an aus dem Stand gewinnen. Er hat nun erfahren müssen, daß das nicht geht. Also bringt er jetzt ein sichtbares Opfer – er läuft – aber er besteht darauf, daß das Opfer als solches anerkannt wird.
Die Österreicher haben einen gewissen Spaß daran, trotz schicksalhafter, also unveränderbarer und hinzunehmender Handicaps gewinnen zu können. Die Deutschen kann ein Sieg so recht nicht freuen, wenn er trotz unübersehbarer Mängel zustande gekommen ist. Auch hier die praktische Erklärung: Nehmen wir an, ein österreichischer Stürmer erzielt per Kopf kurz vor Schluß ein Siegtor, nachdem bis dahin hundert hohe Flanken in den Strafraum Beute der gegnerischen Abwehr geworden waren. Dann freut sich der Österreicher wie ein Kind, trotz der »eklatanten Unterlegenheit im Kopfballspiel«, die gegnerischen »Abwehrriesen«, die »sprunggewaltigen« doch noch überlistet zu haben.
Die Deutschen hätten schon lange vor diesem Siegestor be-

gonnen, eine parlamentarische Anfrage vorzubereiten, ob es denn mit den Zielen des deutschen Spitzensports vereinbar sei, Kopfballduelle in internationalen Begegnungen in derartigem Ausmaße nicht gewinnen zu können.

Es gibt in Fußballmannschaften einen Mann, der wie kein zweiter die Möglichkeiten hat, fußballvölkische Weltanschauung zu verkörpern: den Tormann.

Der deutsche Tormann fasziniert sein Publikum durch Verläßlichkeit. Der österreichische Tormann durch die Unverläßlichkeit, sich auf seine Verläßlichkeit verlassen zu können. Beim österreichischen Tormann liebt man, daß er gelegentlich über sich hinauswächst. Beim deutschen Tormann setzt man voraus, daß es gar nicht mehr möglich sein kann. So hat die deutsche Fußballnationalmannschaft naturgesetzlich immer einen sehr guten, aber nie den besten Tormann im Tor, stehen. Denn diesen besten Tormann, dieses launische Genie, das einmal über seinen Möglichkeiten und einmal knapp darunter spielt, das zwischen magischem Spielrausch und leichter Nervenschwäche pendelt, das kann der deutsche Fußball nicht als seinen Tormann ansehen. (Der Genauigkeit halber: Im Augenblick bietet sich ein Tormann dieser Art auch gar nicht an.) Der österreichische Fußballfreund findet es entsetzlich fad, wenn sein Tormann nichts weiter ist als sehr gut. Auch hier gibt es schon seit einiger Zeit keine geniale Alternative. Aber gäbe es sie, man würde darauf bestehen, sie im Tor der Nationalmannschaft stehen zu sehen. Auch um den Preis, sich in einem von zehn Fällen die Haare ausraufen zu müssen.

Wichtige Unterschiede liegen auch in der Sportpolitik, getragen von Funktionären und öffentlicher Meinung. Wenn in Österreich die Fußballnationalmannschaft verliert, wird sofort »der konsequente Neuaufbau des österreichischen Fußballs« gefordert. Gewinnt sie das folgende Spiel, gilt dieser Neuaufbau als beendet. Bei der nächsten Niederlage ertönt sofort wieder die Forderung nach dem »konsequenten Neuaufbau«. Dieses Affentheater ist ewig. Es haben jetzt auch schon die Halbwüchsigen begriffen, daß das ständige Reduzieren oder Erweitern der Mannschaften der obersten Spielklasse keinen anderen Sinn hat, als ein beliebtes Gesellschaftsspiel, genannt »Fußballreform«, ständig in Bewegung zu halten. In Deutschland brauchen Stimmungsumschwünge länger, bauen sich gigantisch auf und gehen dann eben auch in mörderische Höhen und Tiefen. Kein Mensch in diesem Land kann es zu so viel Verachtung bringen wie ein Teamchef, der eine Niederlagenserie produziert. Hier würde sofort die Frage gestellt, ob es sich überhaupt noch um einen Deutschen handeln kann. Im (weit häufigeren) Fall einer Siegesserie kann sich dieser Mann dafür aber zu einem bürgerlichen Gott hochstilisieren. Daran kann auch Simplizität in Lebensäußerungen auf anderen Gebieten nichts ändern. Die Niederlage eines deutschen Teamchefs kündigt dessen Fall an. Bei seinem österreichischen Kollegen tut das schon der Sieg.

Wenn wir den Extremfall der fußballgegnerischen Karriere zum durchschnittlichen Normalfall zurückverfolgen, sind wir an einer Wurzel des Unterschieds. Der deutsche Fußballer wird – in der Phase seines größten Triumphs – für seine Fans zum Helden. Der österreichische Fußballer wird – in der Phase seines größten Triumphs – für seine Fans zum Künstler. Da kann die sportliche Wahrheit noch so anders aussehen, es ist so:

Ein Rummenigge-Tor kann noch so künstlerisch sein, es

macht seinen Schützen zum Helden. Ein Krankl-Tor kann noch so primitiv sein, es macht seinen Schützen zum Künstler. Die Österreicher glauben, alle deutsche Fußballer seien wie Briegel. Die deutschen glauben, alle österreichischen Fußballer seien wie Prohaska. Beides ist Blödsinn, aber unausrottbar, weil tief im nationalen Unterbewußtsein verankert. Fußball-Tiefenpsychologie.
Wenn man vom deutschen Fußball spricht, darf man den der Deutschen Demokratischen Republik nicht vergessen. Er ist mathematisch leicht definierbar:
DDR = Bundesrepublik minus Österreich.
(Zur Erläuterung: Bundesrepublik steht für Athletentum, Können, Nationalbewußtsein, Österreich für Witz, Ballverliebtheit und Wehleidigkeit.)
Ein wichtiger Unterschied zeigt sich noch durch die sprachliche Selbstdarstellung der Fußballspieler. Dies um so deutlicher, je mehr man die Leute in den letzten Jahren vor die Fernsehkamera gezerrt und sprachlich gefordert hat. In Deutschland und Österreich sind Kicker gleichermaßen »verbalisiert« . Aber ganz anders.
Die Sprache der deutschen Fußballer kommt über Sporthochschulen, über ökonomisch geschultes Management, über intellektuelle Randschichten des Sports. Der deutsche Fußballer spricht eine Sprache, die ihn klüger macht, als er möglicherweise ist.
Der österreichische Fußballer hat Jahre seines Lebens daran verschwendet, die Sprache der österreichischen Sportjournalisten zu erlernen. Er redet nicht wie er selbst, sondern wie er meint, daß die Sportjournalisten vorschreiben, wie er zu reden hätte. Er spricht eine Sprache, die ihn dümmer macht, als er möglicherweise ist.

Entscheidend für das Fußballverhältnis Österreich-Deutschland aber ist eines: Was auch immer die Deutschen können, die Österreicher sind sicher, es erfunden zu haben, es eigentlich immer noch besser zu können. Warum es die Fußballwelt, für die die Illusion auf Dauer stimmt, nicht gibt, weigert sich der Österreicher zu begreifen. Schließlich ist er kein Deutscher.

ULI HOENESS

Der Elfer von Belgrad

Allein lag ich da – hoch oben im 16. Stock des Hotels Jugoslawia in Belgrad. Sie hatten mich alle allein gelassen. Und ich war froh darüber. Ich wollte niemanden mehr sehen. Ich hatte nichts angerührt vom Abendessen, ich hatte den Rotwein stehen lassen und den Sliwowitz, mit dem sich die Deutschen den Kummer hinunterspülten.

Sie hatten mir alle auf die Schulter geklopft. »Macht nix, Uli«, hatten sie fast alle gesagt, »hätte mir auch passieren können.« Und dennoch spürte ich in allen den vorwurfsvollen Blick. Ich konnte verstehen, daß sie sauer waren, daß die Enttäuschung abgrundtief war.

Zuerst hatten sie 90 Minuten lang wie die Wahnsinnigen gekämpft. In letzter Minute hatte Hölzenbein das 2:2 geköpft. Verlängerung, Elfmeterschießen. Und alle hatten getroffen – bis auf mich. Deshalb war die ČSSR Europameister geworden.

Deshalb lag ich jetzt da hoch oben – alleine. Mein Zimmerkamerad Bongartz schwirrte noch irgendwo durch Belgrad. Durch mein Hirn schwirrten Gedanken, Vorwürfe. Ich wollte schlafen, aber ich lag mit offenen Augen da und phantasierte. Ich wurde von schrecklichen Halbträumen gequält – wann, verdammt noch mal, war diese Nacht zu Ende?

Im Traum lief ich mich noch mal warm. Ich spürte noch mal die Müdigkeit in den Beinen. Bleischwer schleppte ich sie über den Rasen. Die Saison war lang gewesen. Mein rechtes Knie war zweimal operiert worden. Ich hatte mich noch mal aufgebäumt – ein halbes Jahr lang. Aber jetzt zählte ich wie ein angeschlagener Boxer die Runden. Ich beobachtete Bonhof, der im D-Zug-Tempo durch die tschechoslowakischen Abwehr-Reihen brauste. Und ich sah mich ohnmächtig daneben stehen – mich, der ich dem Bonhof vor drei Monaten davongerannt war, der ihn lächerlich gemacht hatte.
Ich träumte von Verzweiflungstaten, von einem Spurt an Goegh vorbei, von einem Schuß an den Pfosten. Aus drei Metern hatte ich abgedrückt, dumpf war der Knall. Hätte ich nur getroffen! Das wäre der Sieg gewesen – es wäre nie zu diesem verdammten Elfmeterschießen gekommen.
Aber nun lagen wir im Mittelkreis, lechzten nach einem Schluck Wasser aus dem Schwamm, drückten die Eiswürfel auf die erhitzten Wangen, auf die pochende Halsschlagader. Wortlos lagen wir da, spürten nicht die Hektik der Betreuer, die fünf Elfmeterschützen finden mußten. Mit mir hätten sie jetzt alles machen können.
Jupp Derwall, der Assistent von Bundestrainer Helmut Schön, ging von Mann zu Mann. Drei Schützen hatte er schnell gefunden. Sie waren ja schließlich fast unfehlbare Elfmeter-Spezialisten, der Flohe, der Bonhof, der Bongartz. Wimmer und Beer wären's auch gewesen. Aber die saßen schon draußen, ausgewechselt, während dieser atemberaubenden Fußballschlacht. Wer waren die letzten zwei Opfer? Franz Beckenbauer wollte nicht – und ich wollte nicht.
»Das Nervenspiel mit dem Torwart kann ich heute nicht mehr verkraften«, sagte ich leise.

»Dann schieß halt ich«, schrie einer von hinten. Er war noch ganz frisch, der Torwart Sepp Maier. Plötzlich wachte der Beckenbauer auf. »Bevor der schießt, dann lieber ich«, sagte der Franz. Jetzt waren's schon vier.
Jupp Derwall schaute mich an. »Dann muß eben der junge Dieter Müller schießen«, meinte er leicht vorwurfsvoll. Jupp hatte mich überredet. »Verdammt noch mal, für den jungen ist das ja noch schlimmer als für mich«, brummte ich, Masny, Nehoda, Ondrus und Jurkemik hatten für die Tschechoslowaken schon getroffen, Bonhof, Flohe und Bongartz für uns. Dann machte ich mich auf den langen Weg vom Mittelkreis zum Elfmeterpunkt. Ich fühlte mich nicht unwohl dabei. Ich war so weggetreten wie's sonst nur im Konzertsaal passieren kann. Ich merkte nicht, daß da überhaupt Leute drin waren, im Stadion. Einsam spazierte ich auf den weißen Punkt, rings um mich Sahara. »Ins rechte Eck kannst du nicht schießen«, dachte ich, »denn dann müßte ich mit der Innenseite schieben. Das erfordert Konzentration, die nicht mehr da ist. Also donnerst du den Ball mit dem Innenspann ins linke Eck. So hart, daß notfalls der Torwart mit dem Ball ins Tor fliegt.« Ich wanderte immer noch mit weichen Knien. »Uli, reiß dich zusammen; du mußt, du mußt«, so schwirrte es mir durch den Kopf.
Ich legte den Ball irgendwo auf den Punkt – wie in Trance. Ich lief an, ich schoß, ohne auf den Torwart zu blicken. Ich schaute dem Ball nach, sah ihn immer höher steigen. Wie eine Weltraumrakete von Cape Kennedy sauste er in Richtung Wolken. Unerreichbar. Da kam kein Torwart mehr ran, niemand konnte ihn halten, so hoch flog der. Nur im Tor war er nicht gelandet, dieser Ball.
Es wurde leer um mich. Ich stolperte zurück. Spürte die

tröstenden Arme, hörte mitleidige Worte, sah noch teilnahmslos zu, wie Panenka den Sepp Maier überlistete, tauschte mit irgendwem mein Trikot und fand Franz Bekkenbauer recht originell: »Gott sei Dank hast du verschossen«, sagte er, »da brauch ich wenigstens nicht mehr schießen.« Es war wie im Film um mich herum. Ich ließ mich treiben – willenlos.

Ich war immer noch nicht richtig eingenickt. Ich sah aber immer wieder diesen Ball, der in den Himmel zu den Wolken stieg. Es dämmerte draußen schon. Bongartz war immer noch nicht da. Unten versammelte sich schon eine Traube von Journalisten. Die warteten auf mich, auf ihr Opfer. Ich ging runter, stellte mich aufs »Schafott«. Ich redete mir alles von der Seele.
Zu Hause lagen Telegramme von Franz Josef Strauß und von Helmut Kohl. Ich hatte aus meiner Sympathie zu ihnen nie ein Hehl gemacht. Jetzt sprachen sie mir Trost zu. Das sind Freunde.
Heute, Jahre danach, denke ich nur mehr selten an diesen 20. Juni 1976 von Belgrad.

Nur der Paul Breitner geht mir noch öfter damit auf den Geist. Der saß während des Endspiels gemütlich in Madrid vor dem Fernsehschirm und sagte: »So wie du angelaufen bist, wußte ich gleich, daß der drüber geht.«
Wenn ich heute von meinem Büro beim FC Bayern runter gehe, mittrainiere und zum Elfer antrete, dann kann der Paul gerne »Belgrad« sagen – ich treffe trotzdem ins Tor.

ULRICH KAISER

Michel Deutschmann und die National-Elf

In diesen schicksalsschweren Tagen, in denen das Vaterland jedes Bein braucht, entschloß sich der Fußballspieler Michel Deutschmann zur Tat. Er schnürte sein Ränzel, löste in seiner Heimatgemeinde im Bayerischen Wald eine Fahrkarte und reiste nach Frankfurt. In dieser schönen Stadt fragte er sich zur Otto-Fleck-Schneise durch, wo er unter hohen Bäumen das Verwaltungsgebäude des Deutschen Fußball-Bundes fand. Er schritt durch den Vorgarten und erklärte dem Portier: »Würden Sie mich bitte bei Herrn Derwall melden. Ich möchte mich für die Nationalmannschaft zur Verfügung stellen.« Der Türhüter des Deutschen Fußball-Bundes – es handelte sich um keinen geringeren als den früheren Nationaltorhüter Kasimir Kaludrigkeit, einen Fachmann also – war von diesem Anliegen so überrascht, daß er wortlos den Weg freigab. Michel Deutschmann traf den Bundestrainer vor einer großen Tafel, auf der er gerade die Abwehr seines Teams auf einen Angriff von links entwarf. Der Bundestrainer ließ sofort einen Vorhang vor diese Tafel fallen, denn die Taktik sollte verständlicherweise geheim bleiben. Dann sagte er freundlich »Was wollen Sie denn hier?« Darauf Michel Deutschmann der Wahrheit gemäß: »Ich möchte mich für die Nationalmannschaft zur Verfügung stellen.«

Man wird es nicht für möglich halten, aber da der Bundestrainer für den Nachmittag gerade ein zweistündiges Trainingslager seiner Weltmeisterschaftskandidaten einberufen hatte und darob besonders frohgestimmt war, meinte er: »Dann bleiben Sie schon hier, damit Sie gleich wissen, wie es da zugeht!« Am Nachmittag geschahen Dinge, die ans Wunderbare grenzten: Michel Deutschmann holte aus seinem Ränzel ein paar Kickstiefel und einen Trainingsanzug – dann durfte er mitmachen. Er umdribbelte hintereinander den Breitner, den Kaltz, den Dürnberger und den Briegel, schob dem Förster den Ball durch die Beine und überlistete Schuhmacher mit einem angeschnittenen Schlenzer. Dann jagte er viermal hintereinander einen Freistoß aus etwa dreißig Metern über und neben die Mauer ins Netz, nahm als Abwehrspieler dem Rummenigge ein halbes Dutzend Mal elegant den Ball vom Fuß, schlug Pässe über sechzig Meter, köpfte für seinen geschlagenen Torwart den Ball von der Linie – natürlich verwandelte er sieben Ecken direkt. Als alle anderen erschöpft zu Boden sanken, fragte Michel Deutschmann den Bundestrainer, ob er noch ein wenig Konditionstraining machen dürfe. Der Bundestrainer sagte: »Michel, du gehörst zum Kreis – komm in zwei Stunden in mein Büro!«

Dort fand Michel Deutschmann nicht nur den Bundestrainer, sondern auch den Präsidenten, den Bundestrainerassistenten und den Pressechef; man bedeutete ihm, sich vor den vier Herren aufzustellen. Und dann begann eine Befragung, Warum er denn im Bayerischen Wald und nicht in der Bundesliga spiele – was er beim Abspielen der Nationalhymne empfinde – wie er sich zur Frage der Prämie stelle, die der DFB eventuell zahlen wolle – ob er daran denke, vielleicht einmal ins Ausland zu gehen – wie er seine Rolle im Vierzweivier-System sehe – wieviel Strophen des Liedes »Hoch auf dem gelben Wagen« er auswendig könne – was er von Spanien wisse.

Michel Deutschmann antwortete, daß der Bayerische Wald seine Heimat sei, die er über alles liebe – daß die Nationalhymne ihm ein feierliches Gefühl verursache – daß er an eine Prämie nie gedacht habe – daß ihn Angebote aus dem Ausland nicht reizen – daß er sich bei jedem System immer an jene Aufgaben halten würde, die ihm der Trainer vorschreibt – daß er alle Strophen des Liedes vom gelben Wagen auswendig wisse und von seiner Baustelle her einen Spanier kenne. Die Herren nickten zufrieden, aber ein genauer Beobachter mußte in ihren Augen trotzdem gelinden Zweifel erkennen. Man zog sich zur Beratung zurück. Danach fragte der Präsident so nebenbei: »Was machen eigentlich ihre Eltern?« Michel Deutschmann erklärte wahrheitsgemäß, daß er seinen Vater nie kennengelernt habe und daß seine Mutter eine brave Frau sei, die ihn und die fünf Geschwister mit ihrer Hände Arbeit ernährt habe – jetzt würde er ihr einen Teil seines Einkommens abgeben. Der Präsident nickte, und die anderen drei taten es ihm nach: »Sie hören von uns...!« Im Hinausgehen hörte Michel Deutschmann den Bundestrainer beteuern: »...aber genau so einen brauche ich doch!« Aber der Präsident sagte irgend etwas Barsches.

An der Portiersloge stand Kasimir Kaludrigkeit und sagte zu Michel Deutschmann: »Das hätte ich dir gleich sagen können – einen Neger nehmen die nicht mit nach Spanien – nimm es nicht persönlich...!«

ARNFRID ASTEL

Nationalismus

Wir, ruft er, wir,
und umarmt mich,
ein wildfremder Mann
in der U-Bahn
nach dem Fußballspiel
gegen Polen, wir
haben gewonnen!

JÜRGEN LEINEMANN

Steilpaß ins Leben

Alles nur noch Geschäft. Ist doch kein Idealismus mehr. Keine Kameradschaft. Geht doch nur noch ums Geld.
Jajaja. Ist ja wahr. Sieht man, hört man, liest man. Aber um sechs am Samstagnachmittag treffe ich doch keine Verabredungen. Was vor? Nein, eigentlich nicht.
Eigentlich doch. Fußball im Fernsehen. Auch gibt es am Montag beim Frühstück keinen Streit mit der Frau um die ersten Zeitungsseiten. Kampflos greife ich zum hinteren Teil: Bundesliga.
Fußball, du allei-hei-ne, du allein, sollst meine Freude sein. Was für ein stumpfsinniges Lied. Aber dauerhaft. Wir haben es gegrölt, gesummt, veralbert und verinnerlicht, als wir in den fünfziger Jahren sonntags über die Dörfer fuhren. Elf Freunde sollt ihr sein. Nicht nur die Weltmeister in Spiez, auch wir von der A-Jugend in Burgdorf, der »idyllischen Kleinstadt am Rande der Südheide«, wie der Werbespot sagt. Sehr am Rande und wenig idyllisch in Wahrheit. Und elf Freunde?
Mir fallen nicht einmal mehr alle Namen ein. Jenny, der ja, ein Bäckerlehrling, auch Arnold, der Steinmetz, und Ede, damals Rechtsaußen und heute Arzt. Einmal habe ich den noch beim HSV getroffen. Aber das ist auch schon wieder

zehn Jahre her. Und zur Verabredung hinter der Tribüne ist er nicht gekommen.
Fußball, du alleine. Heute noch, 25 Jahre, nachdem ich im Verein den letzten Ball gekickt habe, geht mir das Lied im Kopf herum. Warum? Tue ich mich so schwer, älter zu werden? Nostalgie? Was schwingt da alles mit?
Heimweh jedenfalls ist es nicht. Farblos und flach sind die Erinnerungen an die Jahre eines ereignislosen Heranwachsens. Angemessen unlebendig. Dumpfe Ruhe mit verschwitzten Höhe-punkten – Tanzstunde im Saal von Emil Bürke, lüttje Lagen beim Schützenfest, erste Versuche von Vornehmgetue im Tennisclub. Kontrolle und Ordnung. Anständig bleiben. Zum Frisör gehen. Was sollen die Leute sonst denken.
Sonntags Kino? Ja, das auch. Tom Mix in der »Schauburg« und »Weites Land« im Astoria. Vor allem aber: Sonntags Fußball.
Da kriegt das Bild plötzlich Tiefe, gewinnt an Genauigkeit, Gefühle inbegriffen. Dorfsportplätze verwandeln sich zu Arenen von frühem Lebenskampf; der Acker mit der Kuhscheiße an der Außenlinie in Schillerslage und der mit den Schafskötteln im Wald von Otze. Weißt du noch?
In Ermangelung von Gesprächspartnern über dieses Thema neige ich zu Selbstgesprächen. Rufe mir Erfolge und Mißerfolge zurück, sie zählen noch heute. Mein einziges Tor in Celle etwa. Ein Tor in sechs Jahren. Verteidiger stürmten nicht bei uns, Kaltz hätte in Burgdorf auf der Bank gesessen, Bananenflanken waren Stürmersache.
Mein einziger Torerfolg also basierte auf Ungehorsam. Das kam eigentlich nicht vor in meinem ordentlichen Schülerleben. Aber ein Versehen war es auch nicht.

Auch nicht mein bitterster Mißerfolg. Der war gerechte Strafe, Vater hatte recht mit seiner Mahnung, die langen Haare müßten ab. Denn einmal hielt das Gummiband die Strähnen nicht, und ich, rechter Verteidiger, mußte immer wieder durch den Haarwald den flinken Linksaußen vorbeiflitzen sehen. 0:7 verloren wir. »Mein« Mann schoß fünf Tore.
Erst spät ist mir klargeworden, warum der Trainer mich damals nicht auswechselte. Der wollte meinen Vater nicht verärgern, er brauchte nämlich eine Wohnung. Und mein Vater war Geschäftsführer einer Baugenossenschaft. Habe ich das nicht geahnt? Scham kriecht noch heute in mir hoch. Und Wut.
Auf dem Fußballplatz begannen Lebenslügen. Noch immer leiste ich mir manchmal die Version, ich sei der eigentliche Erfinder der Raumdeckung, um zu kaschieren, daß ich in Wahrheit nur Angst vor Zweikämpfen hatte.
Ein Traum verfolgte mich über Jahre. Noch heute sucht er mich heim, wenn ich vor Entscheidungen stehe. Wenn ich fürchte, etwas beweisen zu müssen im Leben.
Ganz langsam schwebt von halblinks der Ball in den eigenen Strafraum. Der Torwart liegt, herausgelockt und überwunden, halb aufgestützt am Boden und starrt dem Leder nach. In Zeitlupe träume ich das. In Großaufnahme.
Langsam senkt sich der Ball auf die Torlinie. Ich höre die lautlose Fassungslosigkeit im gewaltigen Rund des Stadions, spüre den Schrecken auf der Haut. Bis der Verteidiger ins Bild kommt. Mit langen Sätzen stürmt er heran. Geschmeidig, kraftvoll, elegant. Dann schwingt er sich in die Höhe, hängt waagrecht in der Luft und mit einem Fallrückzieher, dessen Grazie ähnliche Bemühungen Klaus Fischers zur Be-

wegungsidiotie stempelt, schlägt er den Ball ins Feld zurück. Was ist ein Tor des Jahres gegen dieses verhinderte Tor des Jahrhunderts.

Natürlich bin ich der Verteidiger, der sich lässig abwinkend erhebt, während der Beifall nach einem Augenblick ungläubiger Ergriffenheit von den Rängen prasselt. Text und Ton liefert Herbert Zimmermann im Berner Stil. Er kriegt sich gar nicht wieder vor heiserer Begeisterung: Junge, du bist auch ein Fußballgott.

Ein peinlicher Traum. Lange habe ich ihn verschwiegen, auch vor mir selbst. So ehrgeizig bin ich doch nicht. Und wieso noch immer Fußball? Studium, Beruf, Ehe bieten gewiß realistischere Belege für meine Bemühungen um Anerkennung an. Schließlich habe ich mit siebzehn Jahren aufgehört zu spielen, wurde – nach einem Unfall beim Training – vom Verein mit einer Trostkarte für mein erstes Länderspiel verabschiedet.

Da spielte Deutschland gegen Frankreich in Hannover. Mit Uwe Seeler und Klaus Stürmer, die auch zum ersten Mal bei einem Länderspiel dabei waren. Allerdings auf dem Rasen, im Nationaldreß. Und sie waren so alt wie ich.

Wie weh das damals getan haben muß, ist mir erst 25 Jahre später aufgegangen, im Januar 1981 beim »Copa de Oro« in Uruguay. Freundliche Kollegen hatten mich, den fachfremden Fan aus der Politik, nach Montevideo fahren lassen.

Da hockte ich im Gras am Rande des Spielfeldes und sah den Nationalspielern beim Aufwärmen zu. Fünf gegen zwei, Rummenigge, Dremmler, Hannes, Kaltz und Hansi Müller hetzten den Frankfurter Borchers und den Hamburger Magath im Kreis herum. Plötzlich war der Abstand dahin, fühlte ich mich überwältigt von dieser Atmosphäre aus Albernheit und Konkurrenz, Ehrgeiz und Spiel. Schweiß und der Geruch des Rasens, das Hecheln der Spieler, das Klatschen des Balles, die Sonne – das alles verdichtete sich für mich zu einem schmerzhaften Gefühl von Ausgeschlossenheit. Ich gehörte nicht dazu, empfand mich urplötzlich als Versager. Mit Mühe unterdrückte ich Tränen.

Was für ein Unfug. So gut, daß ich je in diesen Kreis hätte gelangen können, war ich nie. Das wußte ich auch als Junge. Trotzdem hatte ich freiwillig jeden Tag trainiert.

Nun spürte ich warum. Fußball, das war mein Traum vom Aufstieg gewesen, vom Ausbrechen aus der Kleinstadt. Fernweh und bescheidene Rebellion. Fußball war für mich, was heute die Zigarettenwerbung vorgaukelt: Freiheit und Abenteuer. Die Countrysänger mochten ihre Fernstraßen und Eisenbahnen besingen, ich träumte vom Steilpaß ins Leben.

So weit, so gut. Fußball also als Aufstiegsmodell. Vom Tellerwäscher in der heimischen Wohnküche über den Libero zum Millionär. Fußball auch als Modell-Sandkasten fürs »richtige« Leben – Tricks und Show, Kampf und List, Sieg und Niederlage, Überraschung und Übung, Individualität und Teamgeist. Fußball-Zuschauen also Lebensersatz für uns Eingepaßte. Alles bekannt.

Nur erklärte es mir nicht das Ausmaß meiner Betroffenheit in Montevideo. Warum fiel mir plötzlich mein Vater ein? Warum hatte ich das Gefühl, den enttäuscht, ja verraten zu haben?

Gewiß, aus meiner jugendlichen Fußballbegeisterung war er nicht wegzudenken. Schließlich hat er mir meinen ersten Ball gekauft. In seinen alten – vier Nummern zu großen – Tretern bolzte ich auf der Straße.

Auch hat er einen der seltenen Kräche riskiert mit Mutter, als ich als Schüler im Verein spielen wollte. Und durchgesetzt hat er sich. Soweit ich mich entsinne, war es das einzige Mal.

Das hätte mir schon damals zu denken geben können. Aber ich dankte es Vater nicht einmal. Wurde ich nach Vorbildern befragt, kam er nicht vor. Dann pflegte ich lieber ein Foto herumzuzeigen: In Lederhosen und gerader Haltung stehe ich da neben Fritz Walter. So dicht dränge ich mich an ihn heran, daß ich manchmal sogar die Behauptung wagen konnte, der habe mir den Arm um die Schulter gelegt. Hat er aber nicht. Der große Fritz war nicht minder schüchtern als ich.

Tatsächlich half mir dieses Bild nur meine Eitelkeit zu befriedigen. Aber ein Idol, wie es zu suggerieren schien, war der Pfälzer für mich keineswegs. In der Vorfernsehzeit waren uns Stars noch vergleichsweise unwichtig. Tatsächlich hatte ich Fritz Walter auf dem Ausflugsdampfer nach Borkum, auf dem das Bild entstand, nicht einmal erkannt. Ein Mädchen machte mich auf ihn aufmerksam, was ich freilich nie zugegeben hätte.

Sowenig wie meine Bemühungen, aus den Stiefeln meines Vaters herauszuwachsen. Es gelang mir, in Burgdorf nie. Ich war während meiner Kickerzeit immer nur »Ackermann seiner«, der Sohn meines Vaters. Sonst gar nichts.

Auf zwei Wegen versuchte ich, diesen Schatten abzuschütteln: Durch ehrgeiziges Training und durch Herabsetzung seiner Fußball-Vergangenheit.

Für alle war »Ackermann« ein ganzer Kerl gewesen. Für mich nicht. Ich vergewisserte mich wieder und wieder, daß es gar nicht stimmen konnte, was der »olle« Essmann und

die anderen von ihm sagten: Daß er, zwei Zentner schwer und nur 168 Zentimeter groß, an der Linie lang »ackern« konnte wie kein anderer. Daß er »die Dinger aus der Luft« zu nehmen pflegte, aus vollem Lauf mit seinem Hammer selbst Oberliga-Torwarte erschreckte. Daß er »hinlangen« konnte wie die größten Dorfraufbolde und Ecken so gefühlvoll anschneiden, daß sie wie reife Birnen ins Tor tropften.

Manchmal, immer seltener, erzählte Vater selbst von seinen Glanztaten. Von seiner Berufung in die Norddeutsche Auswahl, etwa, wo ihn die »Großen« von Arminia Hannover und Hannover 96 am Flügel »verhungern« ließen. Weil er vom Lande kam. Da wallte auch in mir die Empörung auf. Aber dann ging ich schnell wieder auf Abstand: Veteranengeschwätz. Stammtischgedröhn.

Ich hielt mich lieber an das Mannschafts-Foto, das in unserer Wohnung auf dem Flur hing. Viktoria Burgdorf 1925. Da sah Vater schon so beamtig ordentlich aus wie ich ihn später ein Leben lang auf der Sparkasse erlebte. Kurze Haare, schnurgerader Scheitel, jeder Knopf der Vereinsstrickjakke zugeknöpft, die Stiefel blitzblank, die Knieschützer blütenweiß. Ein stabiler, gerader Flügelmann einer Truppe mit gereckten Häuptern, denen der Fotograf gerade »Rührt euch« befohlen haben mußte.

Und die Urkunde erst, die daneben hing. Girlandenbekränzt und frakturbeschrieben wurde Vater darauf »langjährige treue Tätigkeit als Fußballspieler in der 1. Herrenmannschaft des Sportvereins Viktoria von 1907 e. V. Burgdorf i. H.« bescheinigt. Das schien mir doch eher einer behördlichen Frührentnerbescheinigung zu gleichen als einer sportlichen Auszeichnung. Mein Fußball sollte so nicht sein.

Hätte ich ahnen sollen, daß dies Dokumente seiner Freiheit waren? Daß sie hereinragten wie Wildwuchs in seine gleichförmige Bürgerlichkeit, die so geordnet war wie die Zahlenkolonnen, die er jeden Abend noch säuberlich mit dem Lineal unterstrichen zu Papier brachte?
Er war es nicht gewohnt, seine geheimen Gefühle und Wünsche durchscheinen zu lassen, wenn er von seiner Fußball-Vergangenheit sprach. Er gestand sie sich wohl selbst nicht ein. Und ich war nicht fähig und willig, sie zu hören.
Es war ja, nach dem zweiten Weltkrieg, keine gute Zeit für Gespräche zwischen Vätern und Söhnen. Ich war mißtrauisch gegenüber jeder Art von früheren Heldentaten. Hatte Vater nicht noch an die Wunderwaffen geglaubt, als die Amerikaner bereits die Weser überschritten hatten?
Meine distanzierte, indirekte Vorwurfs- und Anklagehaltung beantwortete er mit Rückzug. Um meine Schularbeiten kümmerte er sich nicht mehr, seitdem ich das Gymnasium besuchte: »Davon verstehe ich nichts.« Er, der rechnen konnte, wie kein zweiter, den ich kannte, entschied: »Mathematik kenne ich nicht.«
Worüber hätten wir reden sollen? Politik war tabu. »Nie wieder«, sagte mein Vater. Über Literatur? Bei uns gab es fünf Bücher. Hermann Löns und Wilhelm Busch, Meyers Volkslexikon, »Heidjers Heimkehr« von Dietrich Speckmann und »Verdun« von P.-C. Ettinghoffer. Das war seine Jugend gewesen, aber was das hieß, begriff ich erst recht nicht.
Als Gesprächsstoff blieb allein der Fußball. Wenn wir darüber sprachen, stritten wir. Er sagte Hipp-Hipp-Hurra, ich verstand Heil Hitler. Er sagte Kameradschaft, ich verstand »Die Reihen fest geschlossen«. Er wollte immer nur »steil

vor, alles hinterher«. Ich hielt es mit Taktik, vier-zwo-vier oder W-M-System. »Quatsch«, sagte Vater. »Hinten dicht und vorne ein paar rein, das ist Fußball.«
Das wär es wohl gewesen, hätten wir schon Fernsehen gehabt. So aber redeten wir nicht nur. Wir lebten Fußball zusammen. Er lachte Mutter aus, wenn sie jammerte: »Junge, wie siehst du wieder aus.« Er fuhr mit dem Lasttaxi sonntags früh mit uns über Land. Spendierte Schokolade und Limonade und später auch mal eine Runde Bier. Er legte den Ball zurecht für Ede, wenn der eine Ecke treten mußte. Er brüllte: »Abspielen«, wenn ich ihm zuviel »fummelte«.
Er feuerte mich an. Er unterstützte auf dem Fußballfeld alles, was ich sonst nicht durfte, weil das gegen das bürgerliche Wohlverhalten verstieß: Im Dreck wühlen. Raufen. Brüllen. Gegen den Schiedsrichter meckern.
Er regte sich selbst auf. War unsachlich, ungerecht. Undiszipliniert. Er war lebendig. Ein Kumpel. Ein Mitverschwörer, wenn wir zu spät zum Sonntagsbraten kamen. Ein verläßlicher Tröster nach Niederlagen. Ein Sieger, wenn wir gewonnen hatten.
Es hat lange gedauert, bis ich begriffen hatte, daß für ihn Fußball das gleiche bedeutete, wie für mich: Freiheit, eine wilde Nische voller Möglichkeiten im kargen Alltag bürgerlicher Schicklichkeit.
Ein Leben daraus zu machen, hat er sich nicht getraut. Nur ein Junggesellenleben. Als es ernst wurde, Hannover 96 mit einem Angebot kam, scheute er das Risiko. So ist ihm nur die Erinnerung geblieben und die Gewißheit, eine Chance gehabt zu haben. »Die Fußballzeit war die schönste in meinem Leben«, sagt er heute, mit 82.

Noch einmal schien sie dann zurückzukommen, mit seinem Sohn. Er selbst hatte längst seine großen Träume ersetzt durch harte Arbeit am kleinen Glück in der Idylle am Rande der Heide. Wahrscheinlich hat er es so wenig begriffen wie ich, wieviel Wünsche er mit dem Fußballehrgeiz auf mich ablud.

Viel ist daraus ja dann auch nicht geworden. Weit weniger als bei ihm selbst, das ist mir in Montevideo aufgegangen. Verraten habe ich ihn aber nicht, nur enttäuscht.

Und doch haben wir gewonnen. Denn in die frostige Wand des Mißtrauens zwischen den Generationen nach dem Kriege haben wir uns mit Hilfe des Fußballs eine Bresche geschlagen. Wir haben ein Stück intensiv gemeinsam gelebt. Zusammen gezittert, gejubelt und geschimpft.

Ich staune, wie weit das trägt. Natürlich darf ich Vater heute nicht am Samstagnachmittag um sechs anrufen. Da sieht er Bundesliga. Aber um sieben, oder am nächsten Tag, da fachsimpeln wir dann ein bißchen. Und da hat er alles ganz anders gesehen als ich.

Ich freu mich über das Spiel ohne Ball, er zählt die »verhauenen totsicheren Sachen«. Mir machen auch gekonnte Abseitsfallen Spaß, er schimpft, daß keiner mehr seinen Platz hält. Ich lobe die Beweglichkeit, er kritisiert die Unordnung.

Und dann natürlich das alte Lied: Alles nur noch Geschäft. Ist doch kein Idealismus mehr. Keine Kameradschaft. Geht doch nur noch ums Geld. Jajaja.

Mutter ruft dazwischen: »Nun streitet euch doch nicht schon wieder.« Aber in Wahrheit streiten wir gar nicht. In Wahrheit reden wir über etwas ganz anderes.

ULFERT SCHRÖDER

Der Star: Ein Glücksfall

Die BP, British Petrol, hat ein spezielles Programm gemacht für Beckenbauer. Franz soll das Gute, das Schöne, das Positive verkörpern. Das für junge Menschen Erstrebenswerte. So haben es die Marktstrategen der Ölleute formuliert. Sie haben also den »Kaiser« zuerst einmal für sich gekauft.
Oder anders formuliert: sie haben ihn dem HSV gekauft, um den Publizitätswert, den Beckenbauer zweifellos wieder erreichen wird, für sich, für die BP, für Umsatz und Ansehen der Firma auszunutzen.
Natürlich, das ist eine legale Sache, und solange für »die positiven Werte des Lebens« geworben wird, wie die BPer sagen, also gegen Rauschgift und Schnaps, gegen eingeschlagene Zähne und Stilette in Stiefelschäften, solange erscheint selbst die Werbung eines Öl-Konzerns als hehre Tat.
Wenngleich die Grenzen des guten Geschmacks nicht weit entfernt sind. Das Gute und das Schöne und dann diese Benzin-Preise und Gewinnmaximierung von 150 Prozent im Jahr...
Doch bleiben wir beim Thema. Franz als Verkörperung des Schönen im Leben, Beckenbauer als Mensch auf der Sonnenseite. Das ist sein Image gewesen. Bevor er nach Amerika ging und jetzt, nach seiner Rückkehr. Beckenbauer stand

und steht für ganz bestimmte Werte, die »erstrebenswerten« in der Tat, und damit war und ist nicht nur Geld gemeint.
Franz, das ist also ein fester Begriff, ein klar umrissenes Bild, ein Image eben. Er hat es seit fast fünfzehn Jahren, und das ist die Zeitspanne einer halben Generation. Er hat es, aber was haben die Heutigen? Haben sie ein Image und wenn ja, welches? Welches Image hat, zum Beispiel, Karl-Heinz Rummenigge, außer dem, unverschämt blond und unglaublich lieb zu sein? Welches hat Hansi Müller außer dem, unwiderstehlich charming und hübsch zu sein?
Wofür, für welche Begriffe, stehen ihre Namen? Wo werden sie benutzt, ausgewertet, welches Programm wurde für sie gemacht?
Keines – und da muß sich etwas geändert haben im Laufe der Jahre. Der Star ist anders, ist ein anderer geworden. Und wie er benutzt wird, das ist auch nicht mehr so wie früher. Wenn er überhaupt noch benutzt wird.
Vor gut zehn Jahren lächelte Helmut Haller vom Bildschirm herunter, löffelte Suppe und schwärmte von den Nudeln in derselben. Uwe Seeler biß genüßlich in einen Schokoladenriegel. Franz Beckenbauers Angetraute, Brigitte, bügelte, auch auf dem Bildschirm, des »Kaisers« Hemden und pries das Eisen. Die ganze Nationalelf fuhr vor einer Tankstelle vor und bewies Otto, dem Normalverbraucher, daß Weltmeister in spe nur diesen Saft zapfen und keinen anderen.
Mann, waren das Zeiten, als Bayern Münchens und Beckenbauers Manager Robert Schwan mit der Tasche voller Werbeverträge im Hotel der Nationalelf erschien und sich die Stars in die Haare kriegten über die Frage, wie das Werbegeld, die Hunderttausende, am besten aufzuteilen seien.
Vorbei. Heute geben sie noch Autogrammstunden und sonst

tun sie nichts. Den Namen irgendeiner Firma tragen sie auf dem Trikot, aber dafür kassiert der Klub.
Den vermarkteten Star gibt's nicht mehr, und das kann nicht nur an den Sparprogrammen der Industrie liegen und auch nicht daran, daß kein zweiter Beckenbauer, kein zweiter Gerd Müller, kein zweiter Uwe Seeler geboren wurde. Obwohl sich Hansi Müller auch verkaufen ließe und Rummenigge hätte gewiß seine Abnehmer, wäre er mit Suppe oder Schokolade oder Haarwasser oder Rasierklingen auf dem Markt.
Er ist es nicht, weil sich die Zeiten und die Stars geändert haben. Franz Beckenbauer und Günter Netzer hatten ihre Wasserträger, hatten ihren »Katsche« Schwarzenbeck und »Hacki« Wimmer. Der Hansi von heute, Müller, muß sich »durchbeißen«, ohne Helfer, ohne Domestiken, er muß rennen und sich quälen; und wenn er nicht nach oben kommt, dann hat er's eben nicht verdient.
Das Verhältnis zwischen Star und Fan, zwischen Held und Bewunderer, ist aller romantischen Gefühle entkleidet worden. Müller und Rummenigge besitzen noch Idol-Wert, sie werden noch verehrt, aber der Fan ist auf kurze Distanz gegangen, auf Tuchfühlung. Beckenbauer und Netzer, die waren noch fern und ein Traum. Dem Franz auf die Schulter klopfen und Sophia Loren an den Busen fassen, das war fast das gleiche.
Heute will der Fan seinen Liebling nicht unbedingt Suppe löffeln sehen. Aber er will ihm ein Stück Stoff aus dem Trikot reißen. Außerdem würde er ihm das mit der Suppe oder der Schokolade oder der bügelnden Frau nicht mehr glauben. Auch diese Beziehung, das Verhältnis zwischen den Idolen und ihren Anbetern, hat sich materialisiert. Der Fan

will seinen Star nicht mehr mit Gefühlen aufgewogen sehen, sondern mit Geld.

Eine Million, zwei Millionen, drei Millionen Marktwert, das macht das Image, auch für den Profi selber. Million ist gleich Million für ihn. Ob in New York oder Barcelona, ob in Madrid oder München. Da ist nichts mehr verklärt, da herrscht kalter Realismus.

Wenn einer so weit gekommen ist, daß er in Millionen rechnen darf, in Tausendmarkscheinen lebt, hat er genug Härte, genug Gemeinheit, genug Neid, Betrug und Brutalität hinter sich, um frei zu sein von Illusionen. Er weiß: Ich bin ein Glücksfall, statistisch und auch sonst.

Denn selten kommt einer durch und nach oben wie Hansi Müller, wie Karl-Heinz Rummenigge, wie Bernd Schuster, wie Karl-Heinz Förster, wie Uli Stielike; die meisten bleiben auf der Strecke irgendwo zwischen Bauern-Kick und Profi-Arena, machen schlapp mit zerschlagenen Knochen und zerstörten Träumen. 1,3 Millionen Jugendliche zwischen 6 und 18 Jahren spielen Fußball in der Bundesrepublik, 280 000 davon gehören zur Altersklasse A, sind also 17 oder 18.

Von diesen 280 000 wiederum gehören nur 6000 zu den 400 Mannschaften, die jedes Jahr um die deutsche Jugendmeisterschaft spielen. 6000, das ist die Creme, und hier beginnen die Träume von Karriere, von schnellen Autos und feschen Mädchen, vom »für Deutschland spielen« und vom »Super-Star«. Sie beginnen und sie enden hier, die meisten.

Denn die Profi-Klubs bieten im Jahresdurchschnitt nur 100 Arbeitsplätze an, und von diesen hundert offenen Stellen wurden zum Beispiel im Jahre 1978 nur 57 an 18jährige vergeben. Das bedeutet: Von den 6000 haben nur knapp zwei Prozent die Aussicht, bei einem Profi-Klub unterzukommen. Und von den 280 000 erhält höchstens einer die Möglichkeit, wie Bernd Schuster zu werden.

Ein Profi, einer von den glücklichen, die einen Traumjob haben und denen vielleicht einmal, wie Franz Beckenbauer, vom Bundesgerichtshof (6. Zivilsenat, Aktenzeichen VI, ZR 46/77) laut Urteil mitgeteilt wird, eine Person der Zeitgeschichte zu sein und deshalb »in bestimmten Grenzen« von jedem fotografiert werden zu dürfen. Wie ein Denkmal oder wie ein Naturereignis.

Die Sehnsucht heiratswilliger Damen, an der Seite solcher historischer Persönlichkeiten einherzuleben, hält sich allerdings in Grenzen. Auf zwei Fang-Anzeigen in einer überregionalen Zeitung – »Fußball-Profi, 24 Jahre ...« und Beamter, 24 Jahre ...« – reagierten 40 Mädchen, aber 22 wollten den Beamten.

Pensionsberechtigung erscheint ihnen also offenbar wertvoller als das große Geld der frühen Jahre. Ein braver, bürgerlicher Ehemann besitzt die besseren Chancen als einer aus der wilden Fußball-Show, die an jedem Wochenende Bildschirme und Zeitungen füllt, Helden zur Welt bringt und zu Grabe trägt.

Doch die Damen täuschen sich, haben ein falsches Bild vom Profi. Denn der ist arbeitsam und sparsam wie ein Beamter, ist selten exzentrisch und meistens häuslich, sucht wie der Beamte nichts als sein Häuschen und seine Ruhe. Aber er lebt, und das mag die Mädchen im Heiratsalter stören, im ständigen Widerstreit mit seinen bürgerlichen Sehnsüchten.

Der Beamte hat ein ganzes Leben, aber der Profi muß mit 30

ausgesorgt, muß genug Geld und eine Existenz haben, denn mit 30 ist die Karriere vorbei oder schon früher, wenn ihn ein Tritt an die weichsten Stellen eines Fußballspielers trifft, an den Meniskus oder die Achillessehne, an die Leiste oder ins Kreuz.

Sogar der Gewerkschafter Wiesner, zu dessen Ressort in der Deutschen Angestellten-Gewerkschaft (DAG) die Profis gehören, rät seinen Mitgliedern unter solchen Bedingungen zu rein kapitalistischem Verhalten. »Wer die Möglichkeit hat, sollte aus seiner Tätigkeit so viel Profit wie möglich schlagen.«

Ein schizophrenes Leben ist das, in dem zutiefst bürgerliche Vorstellungen vom Sparen und »Häusle bauen« und »für später sorgen« und der Zwang, eine »schnelle Mark« zu machen, einträchtig nebeneinander existieren. Profis müssen Beamtennaturen und Spielertypen zugleich sein. Sie müssen Geizkrägen sein und trotzdem den schweren Wagen, den teuren Urlaub, den eleganten Bungalow, den Pelzmantel für die Frau haben und mit Summen hantieren, die ihr Kopf nicht mehr zu erfassen vermag.

Diese Millionen haben Romantik und Glimmer erstickt, die den Ball-Helden der frühen siebziger Jahre umgaben. Fußball-Stars verleiten nicht mehr zum Träumen, seitdem jeder weiß, daß dies kein Traumjob ist.

GÜNTER NETZER

Ich hier oben, die da unten

Seit ein paar Jahren sitze ich nun unter einem Tribünendach, wenn Fußball gespielt wird. Ich hier oben, die da unten. Ein seltsames Gefühl. Nach wie vor. Ohnmacht, Ungeduld, Hoffnung, Ärger, Enttäuschung, Freude – das alles vermischt sich in dieser Tatenlosigkeit zu Nervosität und Spannung. Auf der Bank da unten, gleich neben dem Spielfeld, da würden mir der Trainer und die Ersatzspieler sicherlich Platz machen. Näher dabei sein, im trügerischen Glauben, daß da irgendetwas besser zu beeinflussen wäre. Könnte das helfen? Nein. Ich habe mir das geschworen: Mein Platz ist hier oben. Für alle Ewigkeit.

Wie lange die allerdings dauert, weiß ich nicht. Von Beruf Fußballspieler, von Beruf Fußball-Manager und irgendwann einmal Fußball-Rentner: Ist das ein Weg, den ich in meinem Leben gehen wollte? Wo sind die Ausbrüche, von denen du früher so oft geträumt hast? So frage ich mich oft, wenn ich aufhöre, Fußball zu spielen, dann erst wird mein Leben beginnen. Diesen Satz habe ich einmal gesagt – was für ein Irrtum!

Man sagt viel Unüberlegtes als junger Spieler. Vielleicht liegt das daran, daß es zwar viele Leute gibt, die wissen, welche Wirkung eine Flügelzange hat, aber verdammt wenige, die einem Profi-Fußballer Ratschläge, Erfahrungen oder Lebensweisheiten vermitteln können, und wenn es jemand versucht, hört man nicht zu. Man glaubt, man könne ein ganzes Leben lang wie auf den Fußballstollen daherstelzen, immer ein bißchen höher als die andern.

Im Mittelpunkt stehen, mitten drin sein in einem vollen Stadion, umringt von Journalisten, begafft und bewundert von Fans, die jede Marotte dankbar und gläubig hinnehmen, morgens groß in der Zeitung stehen – dieses Leben ist irgendwann einmal vorbei. Und danach soll dann erst das richtige Leben anfangen?

Was da wirklich beginnt, ist der Alltag. Da sind nicht mehr deine Beine, sondern da ist plötzlich dein Kopf gefragt. Daß man damit mehr als nur den Ball in Richtung Tor befördern kann, wird für manch einen zur bitteren Erkenntnis. Aber die meisten Profis glauben rechtzeitig zu wissen, was sie vor solch bitteren Wahrheiten schützt: Das Geld.

Das ist eine Hauptsache, muß eine Hauptsache sein, schließlich wird da einem 20jährigen die Möglichkeit geboten, im harten Show-Geschäft Fußball fürstlich honoriert zu werden. Aber natürlich gibt es auch Jungs, die da meinen, der Rest ihres Lebens würde nun aus der Vereinskasse vorfinanziert. Vertragsverhandlungen nennt man das dann, Verhandlungen, die zum Va Banque-Spiel werden können und dies sowohl für die eine als auch für die andere Seite.

Ich erinnere mich in diesem Zusammenhang an Kevin Keegan. Kevin hatte, was man das »totale Sicherheitsbedürfnis« nennt. Sein Bestreben war, durch die Kunst des Fußballs die absolute wirtschaftliche Unabhängigkeit zu erlangen. Ganz sicher auch aus dem Denken heraus, nie mehr in die Anonymität zurückversetzt zu werden, aus der ihn der Fußball

einst herausgeholt hatte. Aber wird er zu leben beginnen, wenn er mit dem Fußball Schluß macht? Nein, er wird schuften bis zu seinem letzten Tag.
Gelebt habe ich, als ich noch in Mönchengladbach, in Madrid, oder dann in der Schweiz »Aus der Tiefe des Raumes kam«, wie einer mal so schön schrieb. Ein verlorenes Spiel? Nun gut, da war einem nicht zum lachen zumute, vielleicht quälte man sich noch eine ganze Nacht damit herum, aber dann, am nächsten Morgen, da war die Sache vergessen. Das nächste Spiel war ja das schwerste.
Und heute? Verlorene Spiele sind für mich als Manager nicht einfach dadurch aufgehoben, wenn das nächste gewonnen wird. Niederlagen können große Folgen haben. Ein Spieler verdrängt das Ausscheiden aus dem Europapokal mit dem darauffolgenden Sieg gegen Leverkusen. Dann stimmt sein Selbstbewußtsein wieder. Für mich, für den Verein, sind aber Millionen verlorengegangen, auf die wir gehofft hatten. Was war die Ursache, hast du die falschen Leute gekauft, stimmt mit dem Trainer etwas nicht, verbreitet jemand in der Mannschaft Unruhe, gibt es schädliche Einflüsse von außen? Das schmerzt dir im Kopf wie Nadelstiche, das quält dich und du leidest – und dabei ist eigentlich nicht mehr passiert als dies: Ein Fußballspiel wurde verloren.
Verrückt bin ich nach diesem Spiel, seit ich denken kann. Aber um diese Leidenschaft auskosten zu können, hätte ich eigentlich gar keine Mitspieler gebraucht. Ich war als Kind ein Einzelgänger – auch am Ball. Da war so etwas wie Vertrautheit, die niemand stören durfte. Jemand schrieb einmal über mich, ich würde nicht mit meinen Kollegen spielen, sondern sie benützen. Vielleicht etwas Wahres. Da

war ein sinnliches Verhältnis zu meinem Objekt, das bei jedem Fußtritt anders reagierte, das stets anders behandelt werden wollte. Das machte für mich die Faszination des Fußballspieles aus. Nie wird etwas in diesem Spiel eine Kopie von dem sein, was gerade geschehen ist. Jede Sekunde ist einmalig.
Vielleicht ist es diese Einmaligkeit, die mich nun auf meinem Tribünenplatz hält. Die Leidenschaft ist zwar etwas verflogen, aber die Zuneigung ist geblieben. Fußball spielen, oder Fußball managen, der Kopf schadet ja bei beidem nicht.

BENJAMIN HENRICHS

Hundert Jahre sollst du leben!

Ein Fußball-Genie kehrt zurück –
Franz Beckenbauers Hamburger Premiere

Es war ein großer Tag. Ein großes Spiel war es nicht. Es passierte ja nur das Selbstverständliche: der zweite der Tabelle besiegte den zwölften, der Hamburger Sportverein, Kandidat für die Meisterschaft, schoß drei Tore, der Karlsruher Sportclub, Kandidat für den Abstieg, nur eins. Es war ein trüber Nachmittag: Ein kalter Wind aus Nordnordost trieb schwarzgraue Wolken und einen dünnen, nassen Schnee vor sich her – Hamburg im Herbst.

Als ich das Volksparkstadion erreiche, ist es 14.30 Uhr, eine Stunde vor Spielbeginn. Im riesigen Rund ein paar tausend Zuschauer, frierend, nur schwach getröstet von einem kargen Unterhaltungsprogramm: Auf der nassen Aschenbahn fahren Kinder mit winzigen Autos und Motorrädern knatternd ihre Runden. Keine Erregung im Stadion, kein Fußballfieber, kein Fanatismus, keine Sprechchöre; als stünde ein ganz normaler, kalter Fußballnachmittag bevor und nicht ein historisches Ereignis.

Um 15.02 Uhr betritt Franz Beckenbauer, gemessenen Schrittes, vom Publikum kaum bemerkt, die Arena – einer der vielen Männer im blauen Trainingsanzug, die sich jetzt warmlaufen, einschießen, ein bißchen Gymnastik machen. Um 15.21 Uhr ist dies Vorspiel beendet, die Mannschaften gehen wieder in die Kabinen, das Stadion ist nun zu zwei Dritteln gefüllt, die Stimmung noch immer hanseatisch gemäßigt.

Jetzt hält der Herr Vereinspräsident eine Rede: Er wird Franz Beckenbauer feierlich begrüßen, denke ich. Kein Wort davon: Wolfgang Klein entschuldigt sich bei den Zuschauern für das Debakel vom vergangenen Mittwoch, für die 0:5-Heimniederlage des HSV gegen ST. Etienne, sagt in ruhigem, unsentimentalen Ton: »Gerade jetzt brauchen wir Sie!«

Um 15.26 Uhr laufen die beiden Mannschaften ein. Beckenbauer in sehr diskreter Position, zwischen den Herren Hartwig und Reimann. Beim volkstümlichen Brauch, Plastikbälle ins Publikum zu schießen, versagt nur einer – Beckenbauer. Nur zwanzig Meter von mir entfernt holt er aus – wenn er nun den Ball zu mir hinaufschösse, welch ein Glück, welch eine Pointe! Doch Beckenbauer schießt den Ball nicht zu mir, er schießt den Ball an den Drahtzaun.

Um 15.29 Uhr hat das Spiel begonnen, fünf Sekunden später ist Beckenbauer zum erstenmal am Ball, um 15.40 Uhr fällt das erste Tor – für den Karlsruher SC. Früher hat Franz Beckenbauer in solchen Situationen seine Kollegen in der Abwehr angebrüllt. Heute geht er gelassen hin – und holt selber den Ball aus dem Tor.

1964 habe ich Franz Beckenbauer zum erstenmal (von über hundertmal!) gesehen. Er spielte, ein Knabe noch, linksaußen. Sein Verein, der FC Bayern München, bemühte sich damals zunächst vergeblich um den Aufstieg in die Fußball-

Bundesliga. Er war, das sah man gleich bei seinem ersten Auftritt, ein außergewöhnlicher Fußballer – ein Idol war er noch lange nicht. Wie aus dem Knaben Franz »der Kaiser« wurde: Das kann nur verstehen, wer sich (Mut zur Vergangenheit) tief in die bayerische Geschichte versenkt.

In München nämlich regierten damals andere, liebten wir damals andere: die Fußballer vom Lokalrivalen TSV 1860, genannt »die Löwen«. Sie spielten in der ersten Liga, Beckenbauers »Bayern« in der zweiten. Da gab es den blonden Halbstürmer Hennes Küppers, einen Spieler, so sensibel wie Günter Netzer, nur noch viel verletzlicher – er gab die unbegreiflichsten Traumvorlagen und schlug die unverständlichsten Fehlpässe, alle liebten, alle haßten wir ihn. Da war Rudi Brunnenmeier aus Olching, ein aggressiver, wuchtiger, leidenschaftlicher Mann, der noch als Nationalspieler an einen Dorffußballer erinnerte; da war der winzige, wuselige Jugoslawe Perusic und der hünenhafte Luttrop, den sie »Atom-Otto« nannten.

Und über diese wunderbare, herzbewegende Mannschaft regierte ein genialer Gastarbeiter: Petar Radenkovic aus Jugoslawien. Er war der König des Münchner Fußballs, und er nannte sich auch »König«. Er war Torwart und viel mehr als das: Dirigent seiner Abwehr, Entertainer, Dribbelkünstler, Provokateur – manchmal stürmte er bis in den gegnerischen Strafraum. Als Franz Beckenbauer anfing, war König Radi auf dem Gipfelpunkt seiner Macht. Und weil es nicht zwei Könige geben kann in einer Stadt, mußte Franz Beckenbauer eben »der Kaiser« werden.

Der Aufstieg Beckenbauers und der »Bayern«, der langsame Zerfall der Löwen-Mannschaft, der lange Abschied von Radenkovic: das ist, ihr Herren in Hamburg, beileibe keine

Münchner Lokalaffäre, sondern ein Gleichnis für den ganzen zeitgenössischen Fußball.

Die alternden Löwen spielten einen romantischen Fußball: risikoreich, kräftezehrend, von einem leidenschaftlichen Publikum zu leidenschaftlichen Attacken angetrieben. Die aufsteigenden jungen Bayern spielten schon den sogenannten modernen Fußball: taktisch, kalkulierend, perfektionistisch. Im engen, häßlichen Stadion an der Grünwalderstraße in Giesing ging die Nachkriegszeit, der Nachkriegsfußball zu Ende – auch auf dem Sportplatz regierte jetzt die Angestelltenkultur, und Franz Beckenbauer wurde ihr perfektester, ihr kreativster Repräsentant.

Er war von Linksaußen ins Mittelfeld gerückt und hatte dann bald seinen Stammplatz gefunden: als letzter Mann der Abwehr, den man damals noch gutdeutsch »Mittelläufer« oder »Ausputzer« nannte. So, wie Radenkovic die Rolle des Torwarts revolutioniert hatte, so veränderte nun Beckenbauer die des Mittelläufers, den man dann bald neudeutsch »Libero« nannte.

Bei Beckenbauer hörten die Angriffe der Gegner auf, fingen die eigenen Angriffe an – der letzte Mann war der erste Aufbauspieler. Und Beckenbauer stürmte vorn, gab Vorlagen, schoß Freistöße, schoß Tore. Er spielte eine Doppelrolle (angreifender Abwehrspieler) und schien trotzdem nur halb soviel Kraft zu verbrauchen wie seine schwitzenden Mitspieler. Denn Franz Beckenbauer tat nie einen Schritt zuviel: Nie rannte er einem verlorenen Ball nach, nie riskierte er einen unnützen Zweikampf.

Alles was er tat, war zweckmäßig – so wurde er das Symbol der neuen Fußballära. Aber alles was er tat, war auch schön, hatte Leichtigkeit und Grazie – so wurde er gleichzeitig die

große Ausnahme in seiner Epoche. Er hatte das deutsche Erfolgsbewußtsein und, Ludwig Harig hat es so genannt, die »lateinische Spielweise«. Daß Genie und Wahnsinn verbrüdert sind, dies Vorurteil setzte Beckenbauer außer Kraft, er war ein Genie der Sachlichkeit, der praktischen Vernunft, er konnte, fußballspielend, mit den Füßen denken.
Vorbei die Giesinger Tage. Vorbei auch das Exil in Amerika. Franz Beckenbauers Hamburger Premiere läßt einem Zeit für ausschweifende Erinnerungen. Die Hamburger haben das Karlsruher Führungstor noch in derselben Minute ausgeglichen – zwanzig Minuten später bringt ein Hamburger Klassiker (Freistoß Kaltz, Kopfball Hrubesch) die Führung. Es ist ein einigermaßen unterhaltsames, kaum mehr als mittelmäßiges Fußballspiel, an dem sich Beckenbauer, wie es ihm gebührt, nur gelegentlich beteiligt. In der ersten Halbzeit ist das Kaiserreich, über das er regiert, klein und rund: Im Anstoßkreis, weit weg meist von den eigentlichen Ereignissen, zieht er gemächlich seine Bahn.
Ist der Kaiser alt geworden? Nein, er ist ganz der alte geblieben. Wenn er am Ball ist, tut er das Vernünftige und tut es in Schönheit – locker, unfehlbar genau schlägt er seine Pässe, einmal über 50 Meter, hinaus auf den linken Flügel, das Publikum ist ergriffen. So, das Spiel durchschauend, das Spielfeld wie vom Feldherrnhügel überblickend, hat er immer regiert: ein sehender, sich umsehender, strategischer Spieler.
Ein Abwehrkämpfer im strengeren Sinn war er nie. Das Karlsruher Führungstor ist dafür ein gutes Beispiel: Beckenbauer, der vor dem Angriff zurückweicht, der nie auf den Gedanken käme, sich einem Angriff heroisch entgegenzuwerfen. Dafür sind andere zuständig. Und weil sich »dafür«

in Hamburg im Augenblick noch niemand recht zuständig fühlt, schießen die braven Karlsruher plötzlich ein Tor; gerät die Hamburger Abwehr auch später, bei den keineswegs kühnen Karlsruher Attacken, immer wieder in Verlegenheit.

Nie habe ich ein grobes Foul von Beckenbauer gesehen, fast nie eines gegen ihn. Die Bundesliga wurde von Jahr zu Jahr brutaler – Franz Beckenbauer hat sich da rausgehalten. Seine Kaiserrolle bei FC Bayern und in der Nationalmannschaft konnte er freilich nur zelebrieren, weil er einen perfekten, ihm besinnungslos ergebenen Leibwächter und Sklaven gefunden hatte, den Fußballer Hans-Georg Schwarzenbeck.

Der war schon äußerlich der absolute Antityp: Während Beckenbauers gepflegte Erscheinung jedem Herrenmagazin Ehre gemacht hätte, sah Schwarzenbeck wie einer aus dem Heimat- oder Horrorfilm aus: krummbeinig, grobknochig, ein rauher Geselle mit riesiger Nase. Wehe, wenn Schwarzenbeck kam – der hielt von seinem Kaiser, den er abgöttisch verehrte (»der Franz, der ist begnadet«, sagte er), die Dreckarbeit fern – er warf sich den Stürmern entgegen, und wenn es gar nicht anders ging, dann säbelte er sie auch um. Nur wer an diesem gutherzig-furchterregenden Gesellen vorbeigekommen war, hatte die Ehre eines Duells mit Beckenbauer.

So blieb Beckenbauer jung, sein Beruf hat ihn nicht aufgebraucht. Ob er auch in Hamburg jung bleiben wird, und wie lange, das hängt davon ab, ob er in dieser hochbesetzten, hochmütigen Mannschaft jene findet, die Schwarzenbecks Arbeit für ihn verrichten.

Auch in seiner anderen, der offensiven Rolle wird Beckenbauer Schwierigkeiten haben. Er hat gegen den KSC kein einziges Mal aufs Tor geschossen, ist kein einziges Mal in den gegnerischen Strafraum vorgedrungen. Das hat sicherlich mit seiner an diesem Tag besonders haushälterischen Spielweise zu tun; aber auch damit, daß beim HSV die Rolle des angreifenden Abwehrspielers schon einmal besetzt ist mit dem großartigen Verteidiger Manfred Kaltz. Der ist, nach Kevin Keegans Weggang, der beste und teuerste Spieler des HSV. Wie er mit Beckenbauer fertig wird und der mit ihm, nicht zuletzt dies wird über das Schicksal des Heimgekehrten entscheiden.

Aber seltsam: während die Hamburger Spieler, und gerade Kaltz, den Superstar Keegan lange Zeit ignorierten, ja boykottierten, scheinen sie diesmal von Anfang zur Unterwerfung bereit. Und noch seltsamer: Dem Franz Beckenbauer, der vor seiner Flucht nach Amerika ein bewunderter, aber keineswegs geliebter Fußballstar war, schlägt jetzt überall geradezu herzliche Sympathie entgegen.

Seine hochfahrende Spielweise (die immer auch signalisierte: ich bin keiner wie ihr) und seine hochfliegende Lebensweise (die ihn bis nach Bayreuth und die Klatschspalten der Boulevardpresse emportrug) hatten einen unüberbrückbaren Abstand geschaffen zwischen dem Herrscher, seinen Mitspielern, seinem Publikum. Und während andere Fußballgötter wie gute Kleinbürger lebten (wie Fritz Walter, der noch immer bei seiner Italia ist, noch immer »Schätzchen« zu ihr sagt), erlaubte sich Beckenbauer ein etwas komplizierteres Liebesleben. Als er dann häufiger Fehler machte, sogar ein paar Eigentore schoß, drehte das Publikum den Daumen nach unten – der beste deutsche Fußballer war plötzlich der bestgehaßte. Amerika war damals die Rettung.

Die Zuneigung, die er jetzt bis auf weiteres genießt, ist nicht nur Rührseligkeit über die Heimkehr des verlorenen Kaisers. Die Sehnsucht nach den schönen Künsten Beckenbauers hat viel zu tun mit der Verbitterung über den häßlich gewordenen Fußball. Die trostlose Weltmeisterschaft in Argentinien, die trotz eines deutschen Sieges nicht viel bessere Europameisterschaft, die zunehmende Brutalität, die Allmacht der Taktiker, die tägliche, traurige Farce mit den Trainern – in so dürftiger Zeit wächst die Sehnsucht nach dem Erlöser.
Der wird Beckenbauer nicht sein, weil er es nie war. Zum Fußballhelden taugt er nicht, weil er, Perfektionist und Phlegmatiker in einer Person, die kühnen, die unmöglichen Projekte auf dem Spielfeld nicht in Angriff nimmt, das tragische Scheitern nie riskieren wird. Doch ein Trost ist es schon, daß er jetzt wieder da ist, das kleine Häuflein der charismatischen Fußballer, der Weltverbesserer (Rummenigge und Breitner, Hans Müller und Schuster), etwas vergrößert.
Eine Viertelstunde vor Schluß: Es steht 3:1, das Spiel ist gewonnen, die Kräfte haben gereicht. Beckenbauer beginnt zu zaubern – umspielt mühelos zwei Karlsruher, kreist, den Ball am Fuß, um sich selber, geht für seine Verhältnisse geradezu verschwenderisch mit seinen Fähigkeiten um. Man ist ja so dankbar.
Am nächsten Samstag hat er wieder ein Heimspiel, wieder ist ein Abstiegskandidat der Gegner: München 1860. Die Löwen kommen. Meine Löwen! Doch die Macht des Löwengebrülls ist längst erloschen. Franz Beckenbauer wird wieder einen ruhigen Nachmittag haben. Und ich einen traurigen.

GUNTHER WITTE

Straßenfeger

Eigentlich finde ich Fußball ganz gräßlich, grölende Fans, drängelnde, tobende Massen, das hinterlistige Klotzen, Beschimpfungen, Drohgebärden, Tätlichkeiten, die ewigen Verletzungen. Eine Horrorvorstellung, ins Stadion zu gehen und sich all dem hautnah auszusetzen. Dennoch richte ich meine Verabredungen und Dienstreisen nach Europacup- und Länderspielen, vergesse ich nicht, Europameisterschaft und Weltmeisterschaft in meine Urlaubsplanungen einzubeziehen. Natürlich meine ich die Fernsehübertragungen, die gelegentlich noch »Straßenfeger« wie einst Durbridge's »Halsband« und »Melissa« produzieren, zumindest aber attraktive Unterhaltungsprogramme für Millionen Zuschauer. Fußballspiele sind für mich nicht der Kampf von zweiundzwanzig schwitzenden Männern um den Ball; Fußballspiele sind für mich Fernsehspiele ganz besonderer Qualität; spannend, aufregend, lebendig.

Die besten von ihnen folgen einer klassischen Dramaturgie. Nach der Exposition, die uns mit den Personen bekanntmacht, beginnt die eigentliche Handlung, das 1:0 verschärft den Konflikt, der unaufhaltsam dem Höhepunkt (Pausenpfiff) zustrebt, die sogenannte »fallende« Handlung (in der zweiten Halbzeit) mündet ins »Moment der letzten Span-

nung«, das Spiel endet happy oder tragisch, als Komödie oder Trauerspiel, je nach Standpunkt des Betrachters. Fußballspiele wie Fernsehspiele stehen und fallen mit ihrer Besetzung, den Stars muß ihre Rolle liegen, Fehlbesetzungen sind nie ausgeschlossen, bieten die Spieler im zweiten Glied eine schwache Leistung, ist der Abend geschmissen.
Eine entscheidende Aufgabe fällt dem Regisseur zu; er entwirft die Konzeption, schafft das Arrangement, führt seine Spieler. Der Regisseur beim Fußballspiel hat dem Fernsehspiel-Regisseur gegenüber einen Vorteil: Er kann seinen Spielern noch während des Spiels laut und vernehmlich Anweisungen zurufen, ohne die Zuschauer zu stören. Etwas bedenklich stimmt mich die geringe gesellschaftliche Relevanz der Fußball-Fernsehspiele, doch unter dem Aspekt der Ausgewogenheit des Gesamtprogramms kann man, so meine ich, ihren »l'art pour l'art«-Charakter tolerieren.
Vor Jahren produzierten wir im WDR einen Film von Helmuth Costard mit dem Titel »Fußball wie noch nie«. Während eines vollen Fußballspiels blieb die Kamera immer auf einem Spieler, auf George Best. Voller Stolz auf dieses Experiment, luden wir die großen Stars des 1. FC Köln zu einer Extra-Vorführung. Sie waren sehr höflich und zeigten sich interessiert: Wir merkten allerdings schnell, daß ihnen der Film überhaupt nicht gefallen hatte. Vermutlich wußten sie, daß ein Fernsehspiel eben wie ein richtiges Fußballspiel aussehen muß, um wirklich gut und erfolgreich zu sein.
Fußball-Fernsehspiele haben eine Reihe weiterer Vorzüge. Sie sind spannender als Krimis, weil – zumindest bei Live-Übertragungen – nicht einmal die Beteiligten wissen, wie die Sache ausgeht. (Bei Aufzeichnungen hüte man sich vor der »Tagesschau« und »Heute«, da die Nachrichtensprecher

Pepsch

vom jeweils anderen Kanal mit teuflischen Tricks und sadistischem Vergnügen versuchen, einem das Ergebnis im voraus beizubringen.)

Im Gegensatz zu »normalen« Fernsehspielen besitzen Fußball-Fernsehspiele eine Pause, in der man alle jene Nebenbeschäftigungen erledigen kann, die einen sonst Sinnzusammenhänge verlieren und Höhepunkte versäumen lassen. Vor allem aber bereiten Fußball-Fernsehspiele den verantwortlichen Sendeleitern der Fernsehanstalten besonderes Vergnügen, denn ihre Länge ist genormt, sie sind nie zu kurz und nur in ganz seltenen – unglücklichen – Fällen überziehen sie zweimal 15 Minuten. Bei der ARD hat man, so scheint mir, den engen Zusammenhang zwischen Fußballspiel und Fernsehspiel besser erkannt als beim ZDF. Das ARD-Programm-Schema sieht für wichtige Fernsehspiele und für große Fußballspiele denselben Sendeplatz vor: Mittwoch, 20.15 Uhr.

DIETER THOMA

Wade mecum für den Fußball

Früher badeten die Leute samstags. Heute gehen sie zum Fußball. Auch ich begebe mich zuweilen oder auch etwas häufiger zum Kampf der Waden im Gedränge.
Natürlich habe ich auch selbst gespielt, konnte und kann alles. Es hat nur niemand gemerkt. Sonst wäre ich jetzt nicht ein notorisch unterbezahlter Journalist, sondern kassierte zwei- bis achtstellige Ablösesummen. Und langsam, nun doch um die 50, hätte ich dann wohl auch an mein Abschiedsspiel gedacht. In Rom, in Rio oder in Radevormwald.
Es ist ja ein seltsames und mit mancherlei Assoziationen verbundenes Gefühl der Rührung, das einen befällt, wenn ein Fußballer endgültig die Schuhe auszieht. Abgesehen von allem anderen, das letzte Lebewohl mit dem kleinen Zeh gewunken, die Wade, wieder, die so vielen Gegnern die Stirn bot, die Achilles-Ferse, die ihr Troja in Darmstadt hatte. Vielleicht könnte die Nationalmannschaft auch für mich singen. Sie tut das sonst nur vor Weltmeisterschaften, um den anderen zu signalisieren, daß hier nicht nur gute Fußballer, sondern auch gute Menschen kommen. Denn böse Menschen haben keine Lieder, man weiß es. Und Emanuel Geibel schrieb: »Das Lied, das Lied hat Flügel.« Und gute

Flügel fehlen dieser Mannschaft ja immer. Nur einen besseren Text wünschte ich mir. Vielleicht so ein schönes Fußballied wie: »Was machst du mit dem Knie, lieber Hans?« Der Bundespräsident hätte mir das Bundesverdienstkreuz verliehen, ohne nach den Verdiensten groß zu fragen. Wir fragen ja bei anderen auch nicht. Zumindest werden diese Orden nicht ersessen. Ich weiß nicht, ob man sagen kann, daß sie erschossen werden. Das gilt nicht mal für Generale. Fußballern hängt man die Kreuze ohnehin mit einer Ausnahmegenehmigung auf das natürlich verschwitzte Trikot. Denn Ordensträger, so heißt es in den Richtlinien, sollen mindestens 40 Jahre alt sein. Hier wird die Ausnahme nötig, denn Fußballer nähern sich ja mit 30 schon dem Lebensabend. Wenn Fußball das Leben ist, und wer zweifelt daran! Der Wechsel von jugendlicher Aktivität zu passivem Konsum ist auch so schwer genug. In einem Beruf wie dem meinen, der gern als gemäßigt intellektuell gelten möchte, hat mancher auch Hemmungen, sich zu einem Volksvergnügen zu bekennen. Ich habe Kollegen gekannt, die sich Fußballspiele heimlich auswärts ansahen, weil sie um ihr Image fürchteten. Mich hat Camus davon befreit, der in Paris stets zum Fußball ging. Er nahm mich mit dorthin, und seitdem habe ich meine Sportplatzgänge immer als Literaturinteresse getarnt. Ein Steilpaß im Gedenken an einen Nobelpreisträger.

Natürlich sitze ich nicht wie andere Leute im Stadion, wie West- oder Ostkurven-Zuschauer und rufe »schwarze Sau«. Passiv aber kundig analysiere ich kühl den Spielverlauf. Daß sich Umstehende beschwert haben, ich hätte ihnen beim Torjubel die Brille von den Ohren geschlagen, oder beim nachempfundenen Querpaß sie vors Schienbein getreten,

muß auf Einbildungen beruhen. Kein Schiedsrichter hat es gesehen oder gepfiffen.
Geistig spielt man natürlich mit. Ich versuche dabei auch die drei Geheimnisse des Fußballs zu ergründen: das Geheimnis der selektiven Begeisterung, das Geheimnis der Hasenpfote und das Geheimnis der Suppenwürfel.
Das Geheimnis selektiver Begeisterung läßt sich vielleicht in Teilen aufklären. Da werden Spieler und Mannschaften empfangen wie Triebtäter, die man gerade erwischt hat. Dieselben Spieler wandeln sich zu umjubelten Helden, wenn sie der Nationalmannschaft oder gar dem eigenen Verein beitreten. Gegnerische Mannschaften können auf Zeit Unschuld und Gnade zurückgewinnen, wenn sie quasi für Deutschland im Europa-Pokal spielen. Morgen in der Liga sind sie wieder tretbares Material.
Was bedeutet es, wenn Menschen dann, wenn es um nichts geht, so tun, als ginge es um alles? Ist Fußball psychotherapeutisch heilsam und befreit von nationalistischen Trieben und Massenwahn? So daß man dann in wichtigen Dingen wieder ein sachlich handelnder und denkender Demokrat und Europäer ist? Voller Toleranz und Friedfertigkeit? Oder zeigt sich hier, wieviel fanatische Glut nur zugedeckt ist und jederzeit wieder ausbrechen kann? Ich will das nicht untersuchen und damit womöglich dem deutschen Fußball hinterrücks den Dolch in die Wade stoßen. Fragen möchte ich nur, wann wir wirklich wir sind, samstags auf dem Sportplatz oder werktags am Arbeitsplatz? Denn Schauspieler sind nicht nur jene, die einen Elfmeter schinden wollen.
Das Geheimnis der Hasenpfote betrifft den Aberglauben. Der Geißbock muß hinter dem Tor stehen, der Rasen mit dem rechten Fuß zuerst betreten werden, der Talisman um

den Hals hängen. Millionenwerte werden bewegt nach solch geheimnisvollen Riten. Mit einem Fuß auf dem grünen Rasen, mit dem anderen im Kaffeesatz, der dritte, wenn es ihn gäbe und er es könnte, unterschriebe Schecks.
Das Geheimnis der Suppenwürfel müßte man erfragen. Da behauptet ein Spieler dauernd in der Werbung, daß er nur so stark sei, weil er Kregels-Kraftbrühe trinke. Man fragt sich, warum trinken nicht alle das und sind so stark. Ohne Werbung tut es ja keiner mehr. Nicht mal Pferde laufen noch, ohne daß am Ziel ein Werbepreis winkt. Von einer Benzinfirma zum Beispiel.
Nun könnte ich gefragt werden, warum ich denn nicht Trainer geworden sei oder werden will. Das ist heute ein Beruf, der wie bei Kafka etwas ganz anderes meint, als der Name sagt. Ein Trainer soll Sportler oder auch Pferde auf einen Wettkampf vorbereiten. In Wahrheit steht der Name für eine Art Übermensch, Magier, Regenmacher, Exorzist und Hypnotiseur. Und er ist doch nur ein Mann, der anderen Beine machen soll. Spieler laufen, während der Trainer sitzt. Schon beim nächsten Mal laufen die Spieler noch immer, aber der Trainer geht. Darin liegt ja auch etwas Wundersames. Zwei Vereine besitzen je einen Trainer, die keinen Erfolg haben. Beide werden entlassen und jeweils der andere Verein nimmt den vom anderen verstoßenen. Nun haben sie Erfolg, und alle sind zufrieden. Man müßte den Partnertausch gleich im Vertrag haben, wenn es denn die Mannschaft so stimuliert. Das brächte auch eine gewisse Sicherheit für die Männerbeinbetreuer mit sich. Sie wissen dann zwar nicht, ob sie am Jahresende in Bremen oder Offenbach arbeiten werden, sie verdienen aber mit Gewißheit Geld und können noch häufiger ihrer Mannschaft

durch Weggang nützlich sein. So ließe sich langsam auch die Meinung ausräumen, Fußballtrainer zu sein sei noch riskanter als Klapperschlangen in Brasilien zu fangen, auf den Golan-Höhen Wache zu stehen oder im Iran Politiker zu werden. So bleibe ich denn passiv im Ballungsraum dieses Sports, nutze meine 50-Prozent-Chance, an jedem Samstag mit zu gewinnen, strecke symbolisch meinen Scheitel in die Gasse oder breche medizinisch wundersam in der Mitte durch, bin ein homo ludens, der nicht selbst spielt, sondern spielen läßt. Von Zeit zu Zeit allerdings muß ich mich auch selber daran erinnern, daß Tor auch noch das Hauptwort von töricht ist.

MICHAEL Z. und KLAUS GUTJAHR

Deutsche Männer oder: Ein Deutscher fällt nicht um, und wenn nur kerzengerade!

Ein Zug von Männern, die entschlossen sind,
geht durch die Straßen, Fahnen wehn im Wind,
und mancher im Trikot
der jubelt kampfesfroh,
Trompeten schmettern wie vor Jericho!
Am heiligen Orte, später dann im Chor,
da braust es selig durch die Menge: Tor!
Und sind auch manche blau,
der Geist bleibt wach und schlau
und viele murmeln leis:
»Du schwarze Sau!«

Deutsche Männer bilden immer eine Mannschaft,
juvivaleralala, juvivaleralala,
weil jeder Mann nur in der Mannschaft was als Mann schafft,
juvivaleralalalalala.
Ein Deutscher nachts im Walde, der horcht auf jeden Schritt, doch ist er erst im Rudel, Mann, da brüllt er wieder mit.

Bei Frauen sind die Männer heut modern
und lesen in Courage und Emma gern,
denn überall gilt schon
die Emanzipation.
Vorausgesetzt, es herrscht der richtige Ton.
Denn hat er einen Schnupfen, ist er krank,
doch wird sie schwanger, sagt er: »Sei nicht bang.
Wenn du jetzt mit mir zankst,
statt daß du dich bedankst,
sieh mich an, ich hab davor keine Angst!«

Deutsche Männer bilden immer eine Mannschaft,
juvivaleralala, juvivaleralala
und beweisen gerne sexuelle Spannkraft,
juvivaleralalalala.
Ein Deutscher ohne Gegner, der fühlt sich lasch und lau
drum heiraten die meisten und bekämpfen ihre Frau.
Deutsche Männer bilden immer eine Mannschaft,
juvivaleralalalala!

Im Urlaub ist die Männerwelt gelöst,
die Hose kurz, das Brusthaar keck entblößt.
Mit Stadtplan sieht man dann,
sich scheinbar Kirchen an,
doch sucht nur einen andern deutschen Mann,
und ist er dann gefunden, fühln sie schon
sich fast wie in der Fremdenlegion,
mit Wein ganz unbeschwert
träumt man vom Heimatherd,
sofern dabei kein Eingeborner stört!

Deutsche Männer bilden immer eine Mannschaft,
juvivaleralala, juvivaleralala.
Sei's zu Hause oder sei's in fremder Landschaft,
juvivaleralalalalala.
Ein Deutscher ganz alleine ist erst der halbe Sieg,
doch zwei Deutsche zusammen sind schon fast der nächste
Krieg.
Deutsche Männer bilden immer eine Mannschaft,
juvivaleralalalala!

Die Arbeit ist des Mannes höchste Zier,
drum spricht er auch so liebevoll von ihr,
und vom Kollegengeist,
der sie zusammenschweißt,
und wie der Chef mit Kosenamen heißt.
Da spielt man jeden Tag den besten Freund,
wenn jemand schimpft, war's nicht so bös' gemeint,
denn alle möchten flott
am Sonntag vom Kompott,
wer schafft braucht Kraft, so heißt der Mannschaftstrott!

Deutsche Männer bilden immer eine Mannschaft,
juvivaleralala, juvivaleralala,
sie gehorchen dem, der ihnen etwas ranschafft,
juvivaleralalalalala,
denn jeder gute Deutsche denkt lieber mit dem Bauch,
so haben wir unser Land und so behalten wir es auch.
Deutsche Männer bilden immer eine Mannschaft,
juvivaleralalalalala!

Pepsch

Biographische Notizen

ARNFRID ASTEL *1933
Studium: Biologie und Literatur.
Herausgeber der LYRISCHEN HEFTE.
Seit 1967 Leiter der Literaturabteilung des SAARLÄNDISCHEN RUNDFUNKS.
Letzte Veröffentlichung: DIE FAUST MEINES GROSSVATERS & ANDERE FREIÜBUNGEN, Gedichte. (1979)
Wenn überhaupt, dann ein ablehnendes Verhältnis zum Fußball.

RAINER BASEDOW *1938
Pädagogik-Studium, Schauspielschule.
Erste Erfolge in der Jungfilmerzeit.
Seit 1977 Mitglied der LACH & SCHIESSGESELLSCHAFT
Fußballfan und Stammspieler der Prominentenmannschaft FC SCHMIERE

FRANZ BECKENBAUER *1945
Fußballprofi.
1956 – SC 1906 MÜNCHEN; 1958 – FC BAYERN MÜNCHEN; 1977 – COSMOS NEW YORK; 1981 – HAMBURGER SV.

PETER BEHLE *1947
Philosophiestudium, Hochschule für Film und Fernsehen.
Regisseur der Reihe WÜNSCH DIR WAS.
Freier Regisseur.
Von Geburt an EINTRACHT-FRANKFURT-Fan

BLACK (Lothar Lechleiter) *1942
siehe SCHOBERT & BLACK

PAUL BREITNER *1951
Fußballprofi.
Abitur.
Als Jugendspieler beim ESV FREILASSING; 1970 – FC BAYERN; 1974 – REAL MADRID; 1977 – EINTRACHT BRAUNSCHWEIG; 1979 – FC BAYERN.

WOLFGANG EICKELBERG *1941
Autor und Texter, gelernter Werbekaufmann.
Siehe SCHOBERT & BLACK

HEINER FLAIG *1928
Pressechef bei SABA
Selbständiger Public-Relations-Berater.
Seit 1978 Hausmann und freier Schriftsteller.
Erster Roman: AUSVERKAUF IM PARADIES, Frühjahr 1982

MAX VON DER GRÜN *1926
Kaufmännische Lehre.
1944 amerikanische Kriegsgefangenschaft.
Maurerlehre.
Ab 1951 Bergmann im Ruhrgebiet.

Seit 1964 freier Schriftsteller. Romane und Drehbücher.
Letzter Roman: FLÄCHENBRAND 1979.
Er leistet es sich, in Dortmund zu wohnen und Fan des FC Bayern zu sein.

KLAUS GUTJAHR *1948
Fliesenlegerlehre, ab 1968 Musikstudium. Musiklehrer, spezialisiert auf Bandonion. Arbeit mit verschiedenen Gruppen. Seit 1979 gemeinsame Auftritte mit Michael Z. (siehe auch Michael Z.)

LUDWIG HARIG *1927
Schriftsteller, geboren und geblieben im Saarland. Mit Dieter Kühn zusammen Herausgeber der Anthologie NETZER KAM AUS DER TIEFE DES RAUMES (1974). Dem Fußball auch in Hörspiel und Erzählung zugetan (DAS FUSSBALLSPIEL). Das Sonett drucken wir mit freundlicher Genehmigung der Pfaffenweiler Presse.

ELKE HEIDENREICH *1943
Studium: Theatergeschichte und Germanistik. Seit 1970 freie Journalistin und Autorin.
Fernsehspiele, Hörspiele, Funk- und Fernseharbeit.
Fußballerlebnisse in der Jugend (mit dem Onkel auf ROT-WEISS ESSEN, mit dem Vater auf SCHALKE), heute kein Verhältnis mehr dazu.

BENJAMIN HENRICHS *1946
Studium: Theaterwissenschaft. Ab 1969 Kritiker bei der SÜDDEUTSCHEN ZEITUNG, seit 1973 bei der ZEIT.
Wurde mit vier Jahren vom Vater gleichermaßen ins Theater und auf den Fußballplatz geschleppt.
(Abdruck mit freundlicher Genehmigung der ZEIT)

ULI HOENESS *1952
Profifußballer, seit 1979 Manager des FC BAYERN MÜNCHEN.
Vereine: ULM 1846; 1970 FC BAYERN.

HANNS DIETER HÜSCH *1925
Medizinstudium, dann Theaterwissenschaft und Literaturgeschichte. Mitbegründung verschiedener Kabaretts. (1947 DIE TOLLERANTEN; 1956 ARCHE NOVA)
Hüsch macht heute als freier Kabarettist, Schauspieler, Liedermacher Funk- und Fernsehsendungen, Tourneen, Platten. (DAS SCHWARZE SCHAF VOM NIEDERRHEIN)
Kein eigentliches Verhältnis zum Fußball.

OTTO JÄGERSBERG *1942
Buchhändlerlehre. Arbeit als Buchhändler, Theaterdramaturg, Journalist, Redakteur beim WDR.
1964 erster Roman: WEIHRAUCH UND PUMPERNICKEL
Heute freier Schriftsteller.

HANS JOSEF JUSTEN *1943
Banklehre und auf 2. Bildungsweg Abitur.
Volontariat bei der WAZ. Seit 1970 Ressortleiter Sport.
Engagierter aber lausiger Fußballspieler, der mangelndes Talent durch Ehrgeiz auszugleichen versucht.

ULRICH KAISER *1934
Bis 1973 beim SPORT-INFORMATIONS-DIENST (sid). Dort stellvertretender Chefredakteur. Seit 1973 freier Autor von Kinder- und Sportbüchern, Mitarbeiter bei der LACH- & SCHIESS-GESELLSCHAFT. Spielte Fußball bis zur A-Jugend in einem kleinen Verein in der Nähe von Stuttgart.

JÜRGEN LEINEMANN *1937
Studium: Geschichte und Germanistik. 1963 Staatsexamen. Als Journalist für dpa in Hamburg, Berlin und Washington; für den SPIEGEL in Washington, Hamburg und Bonn. Zur Zeit Reporter im Bonner Büro des SPIEGEL.
Aktiv in Schüler- und Jugendmannschaften. Heute Zuschauer. »Vorliebe für Mannschaften, die was riskieren – BORUSSIA MÖNCHEN GLADBACH. Abneigung gegen FC BAYERN wegen Strauß.«

SEPP (JOSEF DIETER) MAIER *1954
Gelernter Maschinenschlosser. Fußballprofi. Torwart beim FC BAYERN und in 95 Länderspielen. Nach einem Autounfall 1979 Ende der aktiven Laufbahn. Versuche als Komödiant im Fernsehen.
Buch: ICH BIN DOCH KEIN TOR, Hamburg 1980.

BERNHARD MINETTI *1905
Studium und Besuch der Schauspielschule.
Seit 1927 Schauspieler an verschiedenen Theatern, beim Film, in Fernsehspielen.
Schauspieldirektor (Kiel) und Regisseur.
Fußballfan und Freund des Altbundestrainers Sepp Herberger.
(Abdruck mit freundlicher Genehmigung des tip-Magazin)

JÜRGEN W. MÖLLEMANN *1945
Pädagogikstudium, Staatsprüfungen fürs Lehramt.
1962 Eintritt in die CDU, 1969 Austritt aus der CDU.
1970 Eintritt in die F.D.P.
Seit 1972 Mitglied des Bundestages.
Bildungs- und Wehrexperte.
Mitglied des Verwaltungsrats von PREUSSEN MÜNSTER.

GÜNTER NETZER *1944
1965–1975 37 Länderspiele; Europameister 1972.
Gelernter Versicherungskaufmann, den Beruf nie ausgeübt.
Vereine: BORUSSIA MÖNCHENGLADBACH; 1973–1976 REAL MADRID; 1976–1977 GRASSHOPPERS ZÜRICH.
Seit März 1978 Manager des HSV.

WILHELM NEUDECKER *1913
Maurerlehre, später Bauunternehmer.
Von 1962 bis 1979 Präsident des FC BAYERN MÜNCHEN.

DIETER PUDENZ *1942
Jura- und Publizistikstudium.
1965 Redakteur beim HESSISCHEN RUNDFUNK (Aktuelles).
Seit 1969 Sportredakteur beim SÜDWESTFUNK.
Fan der FRANKFURTER EINTRACHT.

THOMAS REIMER *1936
Studium: Publizistik, Geschichte und Politologie.
1959 Promotion.
Seit 1964 beim Südwestfunk (seit 1966 bei Report; 1968 in Vietnam; 1969/70 Abendschau; 1974/75 in Lateinamerika) Chefreporter, Stellvertretender Chefredakteur und Leiter Regionales.
Ehemaliges Mitglied der UNI-Mannschaft München; Anhänger des SC BADEN-BADEN, des KSC und des HERTHA BSC BERLIN.
Seit der zunehmenden Professionalisierung distanzierter Fußballanhänger

WOLFGANG SALEWSKI *1943
Selbständiger Psychologe, Inhaber eines Instituts für Konfliktforschung und Krisenberatung. Ehemaliger Polizeipsychologe der Stadt München. Als solcher bei der Vorbereitung der WM 74 in München beteiligt.
Ein Jahr lang Berater der EINTRACHT BRAUNSCHWEIG.
(Gruppenanalysen)

HEINER SCHMIDT *1926
Jurastudium.
Mitaufbau des WALLGRABEN-THEATERS in Freiburg.
Heute freier Regisseur, Autor und Schauspieler.

WERNER SCHNEYDER *1937
Philologiestudium, Promotion.
Heute Kabarettist, Autor, Schauspieler, Journalist, Texter und Sänger (und vieles mehr)
»Ich spiele in jeder Prominentenmannschaft, in der man mich mitspielen läßt.«

SCHOBERT (Wolfgang Schulz) *1941
Liedermacher. Zusammen mit Wolfgang Eickelberg Texter der Lieder, die er mit BLACK (siehe diesen) vorträgt.

BERND SCHROEDER *1944
Theaterwissenschaftsstudium.
Seit 1970 freier Schriftsteller.
Hörspiele und Fernsehspiele.
Mitherausgeber von KOPFBALL.
Anhänger des FC BAYERN MÜNCHEN.

ULFERT SCHRÖDER *1933
Ab 1952 Sportjournalist bei verschiedenen Tageszeitungen. Seit 1969 Freier Journalist. Autor zahlreicher Sportbücher. Ehemaliger Aktiver bei PREUSSEN DELLBRÜCK. Als 15jähriger bis zu einem nationalen Sichtungslehrgang vorgedrungen, ohne vom zuständigen Dettmar Cramer in die Mannschaft genommen worden zu sein.

IRMGARD STOFFELS *1950
Studium: Französisch, Politik, Sport.
1976 Sportunfall (beim Hochsprung).
Redakteurin und Pressesprecherin bei EMI-Electrola/Crystal.
1979 Redakteurin für Sport und Frauenpolitik beim NIEDERSACHSEN-REPORT.
Seit 1980 beim Kölner EXPRESS.
Seit 1972 in der Frauenfußballmannschaft BERGISCH-GLADBACH.
Mit dieser Mannschaft 1977 Deutscher Meister.

RICHARD STÜCKLEN *1916
Elektrikerlehre. Fernstudium der Ingenieurwissenschaften.
1936 Wehrdienst.
1944 Abschluß des Studiums. Abteilungsleiter bei AEG.
1949 als jüngster Abgeordneter für die CSU im Deutschen Bundestag.
1957 bis 1966 Minister für das Post- und Fernmeldewesen. (Vater der Postleitzahl)
1966 bis 1976 Vorsitzender der CSU-Landesgruppe im Bundestag.
1976 Bundestagsvizepräsident.

Seit 1979 Bundestagspräsident.
Fußballfan.

DIETER THOMA *1927
Philologiestudium
1953 bis 62 Journalist bei verschiedenen Zeitungen.
1962/63 bei Peter von Zahns WINDROSE.
Seit 1963 beim WESTDEUTSCHEN RUNDFUNK.
Dort seit 1978 Chefredakteur Hörfunk.
Gastgeber im KÖLNER TREFF (Talk-Show)
»Weil alles Gute Hand und Fuß haben muß, interessiere ich mich für Fußball – denn Handball hab ich selber gespielt.«

AXEL THORER *1939
Reporter und Expeditionsreisender (u. a. mit Professor Heinrich Harrer).
Verfasser und Mitverfasser von ethnographischen Büchern.
Autor für Zeitungen und Zeitschriften.
Seit der Geburt Fußballfanatiker und -besucher in aller Welt.

MICHAEL VERHOEVEN *1938
Schauspielerkind und Kinderschauspieler.
Medizinstudium. Daneben Arbeit als Schauspieler, Autor und Regisseur.

1967 Promotion und erster Spielfilm, PAARUNGEN.
Bis 1972 Arbeit im Krankenhaus. Seither ausschließlich Filmemacher.
Letzter Film: »DIE WEISSE ROSE« (1982)
»Ich wäre dafür, daß man den DFB entbürokratisieren, den Fußball privatwirtschaftlich organisieren und die Funktionäre somit als zahlende Zuschauer gewinnen würde.«

REINHARD WALDENBERGER *1952
Sportredakteur.
1973 bis 76 als Wirtschaftspublizist tätig.
Seit 1976 Redakteur bei der NEUEN KRONEN ZEITUNG in Linz.
Seit 1975 Mitarbeiter des ORF.
Distanziertes Verhältnis zum Fußball, kein blinder Fanatiker.

GUNTHER WITTE *1935
Studium der Germanistik und Theaterwissenschaft.
1957 bis 61 Dramaturg am STÄDTISCHEN THEATER in Karl-Marx-Stadt.
Übersiedlung in die BRD. Freier Mitarbeiter bei der BAVARIA.
Seit 1963 beim WESTDEUTSCHEN RUNDFUNK.
Seit 1979 Leiter des WDR-Fernsehspiels.

JÜRGEN WOLDT *1940
Studium: Germanistik und Französisch.
Seit 1967 freier Journalist. (TRANSATLANTIK)
HSV-Fan

MICHAEL Z (= Zieleniewicz) *1949
Verwaltungsangestellter bei der BfA.
Seit ca. 1973 Liedermacher. (Kündigung bei der BfA)
Seit 1979 Auftritte mit Klaus GUTJAHR
Erste LP: ICH MÖCHTE SO GERNE BÖSE SEIN

ROLAND ZORN *1945
Jurastudium ohne Abschluß.
Seit 1974 Journalist. Seit 1979 Sportredakteur bei der FAZ.
Fan von Arminia Bielefeld.
»Da gehe ich immer wieder hin und habe selten das Gefühl, 90 Minuten lang umsonst dort gewesen zu sein.«

CIP-Kurztitelaufnahme der Deutschen Bibliothek

Kopf-Ball / Paul Breitner; Bernd Schroeder. –
Berlin; Frankfurt am Main; Wien: Ullstein, 1982.
ISBN 3-550-07711-4
NE: Breitner, Paul [Hrsg.]